JN086544

働く選択肢を
世界に広げるための

グローバル
就活
転職術

大川彰一

Shoichi Okawa

IBCパブリッシング

カバーデザイン　菊池　祐
編　集　協　力　　株式会社オフィスLEPS

はじめに

　日本の大学生や社会人にとって、人生の一大イベントである就職や転職。私はとりわけ、就活を成功させるために、エントリーシート（ES）や自己PRに真剣に取り組む大学生を今まで数多く目にしてきました。

　特に近年、グローバル人材の育成が求められるようになり、私の専門である留学や海外インターンシップに参加する学生が増加しています。参加する学生にその目的を聞くと、回答の上位はまさに「就職に有利に働くから」というものです。

　英語学習においても同様で、TOEICテストや英検、IELTSなどのスコアを自己PRの材料として活用するケースが目立ちます。海外での経験や異文化理解、英語力の向上は本人の成長にもつながりますし、就職の際のアピールポイントにもなることは皆さんもすでにご存じのことと思います。

　私は今まで3,000名以上の留学や海外インターンシップに関わってきました。その中で、一つもどかしく感じていたことがありました。それは、せっかくの留学経験や英語力が、ほとんどの場合、**日本国内での就活にしか生かされていない**ということです。これは社会人についても同様です。一旦、日本のドメスティックな会社に就職してしまうと、その後にグローバルな転職をしたいと思っても自信を持って臨めないケースが多いのです。

　就活には2種類あるのを、皆さんはご存じでしょうか。それは、従来からある日本の就活と、**グローバル就活**です。

　後ほどご説明しますが、日本以外の国では、ジョブ型という雇用制度があり、就職の仕方がほぼ統一されています。本書で

は、**世界中どこでも働くことができるスキル**として、「グローバル就活」に焦点を当てて解説していきます。このスキルを在学中に身に付けておけば、以下のような選択肢が広がります。

例えば、

- 外資系の会社に就職し、20代後半で年収は1,500万円超え。しかも残業はほぼゼロ。
- 日本のグローバル企業で海外出身の同僚たちと英語で仕事。1年目からプロジェクトのリーダーに抜擢される。
- 学生時代のタイでの国際協力インターンシップをきっかけに国際機関に就職する。
- アジアの5つ星ホテルに海外就職。帰国後、日本の同ランクのホテルでマネジャーとしてキャリアアップ。
- 日本の大手メーカーに就職、5年後に外資系の会社にヘッドハントされる。
- 日本の会社で営業事務を経験後、カナダ・バンクーバーでワーキングホリデー。飲食中心のバイトが多い中、オフィスワークの仕事をゲットする。
- 理工学部を卒業後、シリコンバレーにあるITベンチャー企業で1年間の有給インターンシップに参加。その後、正社員としての採用を年収2,000万円でオファーされる。

などといった道があるのです。

本書では、社会に出る前に**世界標準の就活の方法**を押さえておきましょうということをお伝えしたいのです。なぜなら、皆さんが生きているのは**VUCA*の時代**と言われる不確実な時代です。人生の計画が立てにくい時代をサバイブするためには、より広い範囲で選択肢がある方がいざというときに有利に働き

ます。その際、働く選択肢が世界中にあるなら、少々の困難に遭遇してもまずなんとかなるでしょう。

　仮に最初の就職先が日本企業だったとしても、世界標準の就活の方法を知っていれば、外資系企業に転職したり、海外に駐在したり、仮に移住したりしたとしても役立ちます。また、外国人が同僚や上司になった際にも、海外のビジネスパーソンの職業観を知っていれば、社内のコミュニケーションが円滑に進むでしょう。

　本書は、日本で生まれ育った人、長期の留学経験がない人でも、学生の間に読んでいただければグローバル就活のスキルを得られるように構成してあります。それは、社会人でグローバル企業への転職や海外での再就職を検討している方にも応用できるものです。

　例えば、グローバル就職のためのマインドセット、読んでもらえる英文履歴書の作成方法、英語面接の際に絶対押さえておきたいポイント、休み期間やギャップイヤーに参加できる海外経験の積み方などを紹介しています。

　私は元々、グローバルな環境下で日本人が持つポテンシャルはかなり高いと考えています。本書を通して、多くの方がグローバルな視点でキャリアを構築し、豊かな人生を送ることができましたら、本当にうれしく思います。

　　　　　　　　　　　　　　　2023年3月　大川彰一

　＊VUCAとは、下の4つの単語の頭文字を取った造語。

　　　Ｖ（Volatility：変動性）

　　　Ｕ（Uncertainty：不確実性）

　　　Ｃ（Complexity：複雑性）

　　　Ａ（Ambiguity：曖昧性）

目次

本書の読み方
不確実な時代をサバイブするには

　初めに申し上げた通り、現代はVUCAの時代と言われています。本書では、こうした不確実な時代でもサバイブできる世界標準の就活の方法、グローバル就活についてお話ししていきます。不確実な時代に求められるのは、世界のどこでも誰とでも働くことのできる力です。従来の日本型の就活だけでは、就職の範囲がどうしても限られてしまいます。日系企業でも外資系企業でも、国内でも海外でも働く環境を自分で選べる力を持つことが、将来の経済的自由の獲得へとつながるのです。ここでは本書で述べる内容を順を追って説明します。12ページの樹形図も参考にしてください。

フェーズ1 グローバル就活への事前準備

　第1章では、日本の学生もしくは社会人がそのグローバル就活に至るための必要な準備として次の3つを挙げます。

1 グローバルマインドセット

　グローバルマインドセットは、就活前（インターンシップ前）に押さえておかないと、インターンシップの効果が半減してしまいます。また、社会人になって経験を経るとさらに実務に即したグローバルマインドセットが求められてくるため、大学生のものは基礎編、社会人に関しては実例を踏まえた応用編と言えます。

2 英文履歴書作成

　次は英文履歴書作成です。グローバル就活の中では、インターンシップの前と後に2回実施します。世界標準のキャリアを築いていく上で、自分の軸になるのがこの英文履歴です。就職後も定期的にアップデートしていくことで、必要なタイミングでいつでも自身

のキャリアパスを示すことができます。

③ 英語面接対策

英語面接ではテクニックも大切なのですが、自信を持って自身の経験や強みを話すことがそれ以上に大事です。企業の採用担当者も短時間の面接でなるべく多くの情報を読み取ろうとしますので、面接は「自己ピッチ」つまり自分をプレゼンテーションする場と捉えて臨みましょう。この経験は、社会人になってからプレゼンテーションをする際やビジネスプランを説明する際にも応用することができます。

フェーズ 2 グローバル就活

第2章の前半では、グローバル就活のメインとも言えるインターンシップについて、海外と国内に大きく分け、種類別にご説明します。

【海外】
［A–1］実践型インターンシップ（外資系企業）
［A–2］実践型インターンシップ（日系企業）
［A–3］国際協力インターンシップ
［A–4］アカデミック型インターンシップ
［A–5］アジア研修型インターンシップ
［A–6］オンライン海外インターンシップ

【国内】
［A–7］日本国内でのインターンシップ

インターンシップの種類によって、経験できる内容が異なりますので、将来の方向性から逆算して自分の属性に合ったインターンシップを計画的に経験することが大切です。この部分がグローバル

就活の根幹であり、外すことのできない過程です。社会人の場合、[A-5] アジア研修型インターンシップ、[A-7] 日本国内でのインターンシップは基本的に対象外ですが、その他の海外インターンシップの機会の中には社会人向けのものも存在します。

また、インターンシップ経験の後は、次の2つの活動が待っています。

[B-1] 英文履歴書作成・英語面接対策
[B-2] 業界研究・ES作成（社会人の転職の場合、ES作成の代わりに職務経歴書の作成）

この2つのステップを経て、いよいよ第2章の後半、グローバル就職となります。

フェーズ3 グローバル就職

国内型と海外型があり、それぞれに日系企業への就職と外資系企業への就職があります。

国内型 1 外資系企業の日本法人への就職
国内型 2 グローバルに事業展開する日本企業への就職
海外型 1 海外での現地企業への就職
海外型 2 海外での日系企業への就職

企業へのアプローチ方法については、①日本型の採用スケジュールに沿った方法、②ボストンキャリアフォーラムへの参加から就職への流れ、③LinkedIn を活用した方法などを紹介します。企業へのアプローチ方法の変化は日本では感じにくいのですが、世界的には変化してきていますので、今後は日本でもより多面的なアプローチが必要になると考えています。

グローバルキャリアの築き方

　第3章では、内定を獲得してから入社するまでの動き方と、世界標準のキャリアの築き方についてお話しします。グローバルな転職を考える社会人にもぜひ読んでいただきたい章です。内定から入社までの部分では、企業のCSRやコンプライアンスを踏まえた心構えや、就職後にスタートダッシュを切るためのギャップイヤーの活用法などについて提案しています。

　世界標準のキャリアの築き方は、日本ではあまり知られていませんが、世界では当たり前に行われていることです。ここでは、次の3点に絞ってお伝えします。

　　・Work Experience をアップデートする
　　・リファレンス、人脈づくりを意識する
　　・専門性を高めるために

　特に、最後の「専門性を高めるために」では、リカレント教育・リスキリングなどのインプット方法、また発信することでインプットの精度も高まることなどを具体的に解説します。また、本書では大学生に向けて説明している箇所が多くありますが、社会人の方は経験に応じて必要な部分を読んでください。

　読者の皆さんが、本書でお伝えする**グローバル就活からグローバル就職、そして世界標準のキャリアの構築**へと続く一連の流れを実行することで、不確実性の高い時代においても、世界で通用する日本人を輩出できると確信しています。

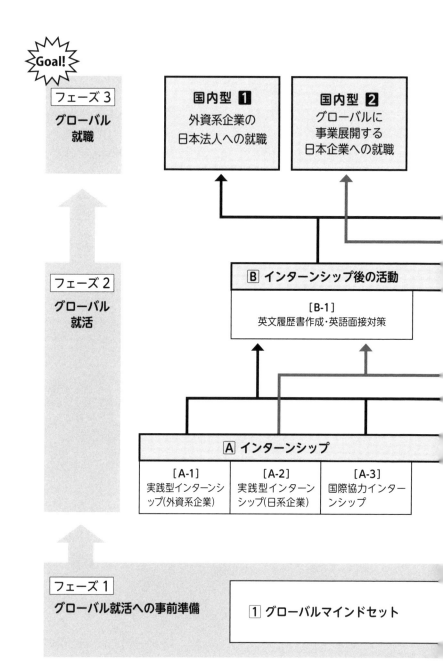

Goal!

フェーズ 3
グローバル
就職

国内型 **1**	国内型 **2**
外資系企業の 日本法人への就職	グローバルに 事業展開する 日本企業への就職

フェーズ 2
グローバル
就活

B インターンシップ後の活動

[B-1]
英文履歴書作成・英語面接対策

A インターンシップ

[A-1] 実践型インターンシップ(外資系企業)	[A-2] 実践型インターンシップ(日系企業)	[A-3] 国際協力インターンシップ

フェーズ 1
グローバル就活への事前準備

1 グローバルマインドセット

グローバル就活樹形図

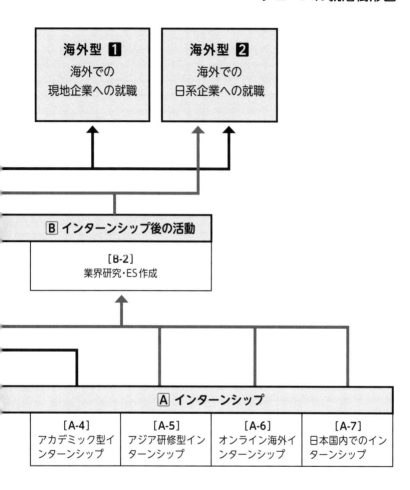

グローバル就活

日系・外資系両方に

就職可能なスキル

グローバル就活が求められている背景

　私がアメリカの教育NPOで海外インターンシップに関わり始めた2009年ごろ、大学生の海外インターンシップはまだそれほどメジャーではなく、一部のグローバル志向の学生が参加するものでした。

　それが現在では、多くの大学で海外インターンシップが単位認定され、文部科学省の「トビタテ！留学JAPAN」でも、留学だけではなく現地での実践活動を重視しています。

　この変化が示すものは、「留学＝英語の習得」から「留学×実践活動」へのシフトです。この変化はなぜ起きているのでしょうか。

　これには、いくつかの要因が重なっています。まずは、終身雇用制度の終焉です。不確実な時代と呼ばれる現在、終身雇用はなくなりつつあり、世界の時価総額ランキングでは、アップル、マイクロソフト、アルファベット、アマゾン・ドット・コムなどのアメリカのIT企業が上位を占めています。

　私が学生だった平成元年（1989年）のランキングと現在のランキングを比較すると、その差は一目瞭然です。平成元年ごろといえば、まさに日本企業が世界を席巻している時代で、不動産や株式の高騰で日本はバブル経済を謳歌していました。時価総額ランキングでも日本企業が占める割合は圧倒的で、上位10社中では7社、上位50社中では32社を日本企業が占めていました。

　ところが、現在は、前述の通りアメリカのIT系企業を中心に外資系企業が世界を席巻し、上位50社の中に日本の企業はも

世界時価総額ランキングTOP50

（1989年）

順位	企業名	時価総額（億ドル）	国
1	NTT	1,639	●
2	日本興業銀行	716	●
3	住友銀行	696	●
4	富士銀行	671	●
5	第一勧業銀行	661	●
6	IBM	647	▇
7	三菱銀行	593	●
8	Exxon	549	▇
9	東京電力	545	●
10	Royal Dutch Shell	544	▧
11	トヨタ自動車	542	●
12	General Electric	494	▇
13	三和銀行	493	●
14	野村證券	444	●
15	新日本製鐵	415	●
16	AT＆T	381	▇
17	日立製作所	358	●
18	松下電器	357	●
19	Philip Morris	321	▇
20	東芝	309	●
21	関西電力	309	●
22	日本長期信用銀行	309	●
23	東海銀行	305	●
24	三井銀行	297	●
25	Merck	275	▇
26	日産自動車	270	●
27	三菱重工業	267	●
28	DuPont	261	▇
29	General Motors	253	▇
30	三菱信託銀行	247	●
31	British Telecom	243	▧
32	BellSouth	242	▇
33	BP	242	▧
34	Ford Motor	239	▇
35	Amoco	229	▇
36	東京銀行	225	●
37	中部電力	220	●
38	住友信託銀行	219	●
39	Coca-Cola	215	▇
40	Walmart	215	▇
41	三菱地所	215	●
42	川崎製鉄	213	●
43	Mobile	212	▇
44	東京ガス	211	●
45	東京海上火災保険	209	●
46	NKK	202	●
47	ALCO	196	▇
48	日本電気	196	●
49	大和證券	191	●
50	旭硝子	191	●

（2023年）

順位	企業名	時価総額（億ドル）	国
1	Apple	23,242	▇
2	Saudi Aramco	18,641	▬
3	Microsoft	18,559	▇
4	Alphabet	11,452	▇
5	Amazon.com	9,576	▇
6	Berkshire Hathaway	6,763	▇
7	Tesla	6,229	▇
8	NVIDIA	5,728	▇
9	UnitedHealth Group	4,525	▇
10	Exxon Mobil	4,521	▇
11	Visa	4,518	▇
12	Meta Platforms	4,454	▇
13	台湾積体電路製造（TSMC）	4,321	▨
14	騰訊控股（Tencent Holdings）	4,239	★
15	JPMorgan Chase	4,135	▇
16	LVMH Moet Hennessy Louis Vuitton	4,125	▮▮
17	Johnson & Johnson	4,076	▇
18	Walmart	3,842	▇
19	Mastercard	3,376	▇
20	Procter & Gamble	3,285	▇
21	貴州茅台酒（Kweichow Moutai）	3,235	★
22	Novo Nordisk	3,234	▬
23	Samsung Electronics	3,162	◈
24	Chevron	3,111	▇
25	Nestle	3,087	✚
26	Eli Lilly and Company	3,056	▇
27	Home Depot	3,026	▇
28	Merck	2,784	▇
29	Bank of America	2,736	▇
30	Abbvie	2,702	▇
31	Coca-Cola	2,590	▇
32	阿里巴巴集団（Alibaba Group Holding）	2,451	★
33	Pepsico	2,423	▇
34	ASML Holding	2,420	▬
35	Broadcom	2,415	▇
36	Oracle	2,390	▇
37	Roche Holding	2,354	✚
38	Pfizer	2,344	▇
39	中国工商銀行	2,205	★
40	Prosus	2,177	▬
41	Costco Wholesale	2,169	▇
42	L'Oreal	2,115	▮▮
43	Thermo Fisher Scientific	2,112	▇
44	Shell	2,111	▧
45	AstraZeneca	2,075	▧
46	中国建設銀行	2,020	★
47	Cisco Systems	1,992	▇
48	International Holding	1,958	▬
49	McDonald's	1,931	▇
50	Linde	1,919	▇

出典：STARTUP DB「2023年世界時価総額ランキング。世界経済における日本の存在感はどう変わった？」

うありません。日本企業として最上位のトヨタ自動車ですら圏外の52位です。そして、そのトヨタ自動車の豊田社長 (当時) は2019年10月13日の日本自動車工業会の会見で、「雇用を続ける企業などへのインセンティブがもう少し出てこないと、なかなか終身雇用を守っていくのは難しい局面に入ってきた」と発言し、大きな衝撃を世間に与えました。つまり、日本の経済成長を支えてきた終身雇用制度も今後はなくなっていくと考えておいた方がよさそうです。戦後の「企業戦士」は会社に一生を捧げて働き、日本経済に繁栄をもたらしましたが、それは相応の報酬ややりがい、豊かな人生があると認識していたからこその働き方だったと思います。

　皆さんは「ライフ・シフト」という言葉をご存じでしょうか。寿命の長期化によって、先進国では2007年生まれの2人に1人が103歳まで生きる「人生100年時代」が到来すると言われています。そこでライフ・シフトと呼ばれる人生設計の変化が起こっているのです。*

　従来は、大学を卒業したら就職し、定年までその会社で会社員として働き、その後は余生を過ごすという生き方が主流でした。しかし、現在は、前述の通り終身雇用が崩れつつあり、社会人の活躍の仕方として、マルチステージと呼ばれる多様な選択肢が生まれています。それは、起業や副業、ボランティア活動や学び直しなど、いくつもの分岐点があり、その選択のタイミングも自分のキャリアやライフプランに合わせて選択していくという柔軟性の高いものです。その反面、いったん会社に就職すれば安泰とは言えなくなりました。

＊『LIFE SHIFT (ライフ・シフト) 100年時代の人生戦略』リンダ・グラットン、アンドリュー・スコット著　東洋経済新報社

　さらに、日本と海外の報酬の格差も考慮すべきポイントです。現在の日本人の報酬は、海外と比べてどのようになっているのでしょうか。下図をご覧ください。

　衝撃的なデータですが、世界第3位の経済大国である日本の平均年収は、なんと世界24位の3万9,711ドル、日本円にして約437万円とかなり下位に位置しています。1位のアメリカの7万4,738ドル（日本円で約822万円）と比較すると、日本はアメリカの53.1パーセント、ほぼ半分の年収ということになります（1ドル＝110円で計算）。

　さらに、これに加えて、この本を執筆している2022年11月現在、円安の勢いは止まらず、海外と日本の給与格差はさらに拡大する傾向にあります。海外での「出稼ぎ」というワードがメ

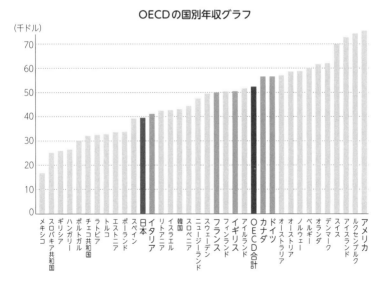

OECDの国別年収グラフ

OECD (2022), Average wages

ディアでも注目されている現在の状況は、決して異常なことではなく、今までの傾向の延長線上にあるものなのです。

　これらのデータが示す現在の状況は、皆さんにとって、衝撃的な内容かもしれません。もちろん、給与が高いことだけが会社の魅力ではありません。日本企業にもたくさん良いところ、例えば福利厚生や社内教育の充実などがあるのも事実です。働きやすさを重視した企業や、リモートワークを導入している企業も増えてきましたし、「外資系企業も気になるけど、まずは国内で日系企業に就職したい」と考える人もいるでしょう。

　でも、ここまで読んで、将来が不安になってきた方もいるかもしれません。安心してください。解決策があるのです。それが、世界どこでも誰とでも働くことのできるグローバル就活なのです。グローバル就活の流儀を身に付けさえすれば、世界標準の給与を海外の企業からもらうこともできます。海外で働くことも日本で働くことも可能です。いったん、日本のグローバル企業に就職した後、海外の外資系企業に転職することだってできます。ライフ・シフトの変化にも十分対応可能です。経済も政治も不確実な世界をサバイブするためのスキルがグローバル就活なのです。

グローバル就活とは

　それでは、グローバル就活とは一体どういうものなのでしょうか。例えば、海外の外資系企業に就職を考えている場合、シンプルに考えると必要なことは次の3つだけです。

　・海外での就業経験を積む
　・面接をしてみたいと思わせる英文履歴書を作成する
　・英語面接対策をする

　ただ現実には、就職先にも日系企業と外資系企業があり、その場所も国内と海外があります。いきなり英語面接対策をしようとか、英文履歴書を書こう、海外での就業経験も必要だと言われても無理があります。そこで、本書では一般的な日本の大学生が無理なくグローバル就活を進めていけるように、グローバル就活をパターン化し、そのルートを作成しました。12-13ページの「**グローバル就活樹形図**」をご参照ください。

　この樹形図では、大学生のグローバル就活を3つのフェーズ（Phase）に分けています。まず、グローバル就活に関して説明を進めていく前に、時系列とは逆になりますが、就活のゴールとなる フェーズ3 のグローバル就職の定義から解説します。

　本書では、グローバル就職のパターンを国内型と海外型の2つに分け、さらに外資系企業・日本企業の2つのパターンを想定して合計4つに分類しています。樹形図の フェーズ3 に当たるものです。一口にグローバル就職と言っても、国内型と海外型があり、その先の企業が日系か外資系かによって就活の内容が

変わってきます。最初に自分がどのルートを進みたいのかを押さえることで、効率よく就活を進めることができます。

　次に、フェーズ3のグローバル就職に至るフェーズ2のグローバル就活について述べます。これは「インターンシップ」と「インターンシップ後の活動」の2段階に分かれています。海外インターンシップという「経験」がグローバル就活の最大のポイントになるのですが、それについては次の章で詳しく解説します。

　樹形図にある通り、インターンシップにはさまざまな種類があるため、フェーズ3のグローバル就職のゴールをどこに設定するかによって、大学在学中に経験すべき内容が決まってきます。インターンシップを経験した後は、外資系企業を志す方は英文履歴書の完成や英語面接対策のブラッシュアップを行い、日系企業を希望する方は業界研究とエントリーシート（ES）作成を進めていきます。

　最後に、フェーズ1のグローバル就活への事前準備ですが、必要な準備は次の3つだけです。

①グローバルマインドセット
②英文履歴書作成
③英語面接対策

　樹形図を見てお分かりのように、英文履歴書作成、英語面接対策はフェーズ1とフェーズ2のBインターンシップ後の活動の2回、実施するポイントがあります。ただ、フェーズ2のBについては、フェーズ1でしたものをアップデートするだけですので、フェーズ1できちんと準備しておけば、かなり楽な作業になります。

グローバル就活をするために必要な要素

　実はグローバル就活と言っても、難しいものをゼロから構築するわけではありません。皆さんはすでに、ベースとなる学歴や英語力などは持っています。仮に現在の英語力が低くても、これから十分挽回は可能です。

　まず、グローバル就活をするために必要な要素を整理してみましょう。グローバル就活には、次の5つの要素が必要となります。

1. 英語力
2. グローバルマインドセット
3. 専門性
4. 日本での経験
5. 予算

　この5つの中には、実は多くの大学生や社会人がすでに持っているものも多いのです。全てゼロから準備しなくてはいけないわけではありません。自分に足りないものは何かを把握して、準備を進めていけば問題ありません。

　それでは、以下に5つの要素それぞれについて解説していきましょう。

1. 英語力

　日本の一般的な大学生にとって最初の難関はやはり「英語」です。海外でインターンシップをするのに必要な英語力はどれくらいでしょうか。インターンシップの内容によっても違うのですが、以下が必要なTOEICテストのスコアの目安です。

欧米の民間企業での実践型　TOEICテスト700点以上
アジアでのビジネス研修型　TOEICテスト550点以上

　いかがでしょう。思ったよりハードルが低いと思った方もいるかもしれませんが、一般財団法人国際ビジネスコミュニケーション協会によると、日本の大学生のTOEIC IPテストの平均スコアは501点です（参照：TOEIC Program DATA & ANALYSIS 2021）。あなたが平均的な大学生であれば、英語力を伸ばしてから海外インターンシップに参加する必要がありそうです。
　また、見た目のスコア取得以上に大切なことがあります。TOEICテストはリスニングとリーディングのテストなので、スピーキング力を鍛えることが忘れられがちなのです。受験勉強を頑張った皆さんは、TOEICテストのスコアもある程度取れるのですが、とにかく海外でインターンシップをするには、自信を持って英語で話すことが重要です。
　インターンシップの面接では、面接官に次のような質問をされることがよくあります。

　　　"OK, please tell me about yourself."
　　　「オーケー、ではあなた自身について聞かせてください」

もし今、皆さんがこの質問を受けたらどう答えるでしょうか。例えば、次のように答えたとしたら、面接官はどう感じると思いますか。

"My name is Okawa Shoichi."
"I'm 18 years old."
"I'm a university student."
"My hobby is music. I like Arashi."
"Do you know Arashi?"

奇跡的に日本のポップシーンに詳しい面接官であれば別ですが、インターンシップの面接での回答としては少し残念な内容です。どのような回答が望ましいかについては、後ほど英語面接対策のところでお話ししますが、要は自信を持って自分の専門性やスキル、モチベーションの高さを相手にアピールすることがポイントとなります。たとえTOEICのスコアが900点を超えていても、声が小さくてアイコンタクトがなく、内容が伴っていないと評価は下がります。一方、スコアが500点でも、内容が良くてモチベーションが高ければ評価されるのです。

必要な英語力の目安として、ここまでTOEICスコアを目安に説明してきましたが、実際にインターンシップをする側の企業は、英語のスコア自体はあまり気にしていないことが多いのです。ただし、そうは言っても、例えばアメリカにある企業でインターンシップをするとなると、会議で英語での発言が求められますし、英語での仕事のやりとりが当たり前にありますから、TOEICテストで700点くらいの英語力は必然的に必要になります。

一方、日系企業の場合は、社内での基本的なやりとりは日本語で行い、外国人スタッフが参加する会議では公用語の英語を

使うという感じです。英語力があれば対外的なタスクを与えられることもありますし、英語が話せないと社内的なタスクが、依頼される業務の中心となります。ただ、海外インターンシップへの参加は英語力向上を目的にするというより、海外での経験を積むという意味合いが強いので、インターンシップ先の企業でどのくらい英語を使用するかに関してはそこまでこだわらなくてよいと思います。

英語のスピーキング力を向上させるには

　英語のスピーキング力を向上させる方法にはいくつかありますが、海外留学をまだ経験したことのない人であれば、語学留学やオンライン留学もお勧めできます。語学留学の良い点は、海外での生活に慣れることができることと、短期間でも英語環境に身を置くことで、英語漬けになれることです。それこそ、英語で夢を見るくらいに英語学習に取り組めば、効率よく英語を学ぶことができます。

　また、2020年以降はコロナ禍で、オンライン留学も格段に進化を遂げました。オンライン留学のメリットとしては、

・隙間時間を有効活用できる
・渡航型の留学に比べて費用を抑えることができる
・オンデマンドやプラットフォームの活用で効果的に予習・復習ができる
・多様な選択肢の中から国や都市・学校・コースを選ぶことができる
・英語の学習効果が高い

などが挙げられます。実際の海外インターンシップの面接もオ

ンラインで実施されることを考慮すると、オンラインでのコミュニケーションに慣れることができる点もメリットの一つと言えます。

　スピーキング力を向上させるためには、とにかく英語のアウトプット量を増やすことです。海外インターンシップに参加してから英語力を上げるのではなく、日本にいる間に英語の勉強の時間を確保することが重要です。英語力の向上に関しては、今自分がいる環境に合わせて、計画的に進めていきましょう。

2. グローバルマインドセット（global mindset）

　グローバルマインドセットは日本の若者が海外インターンシップに参加するために必要かつ最も大切なものだと言っても過言ではありません。多くの日本人はこれまで受けてきた集団主義的な学校教育により、高い基礎学力、協調性、忍耐力などを身に付けています。ただ、海外インターンシップの現場ではそれらの長所は周囲に理解されるところまで届かず、ほとんどの場合、埋もれてしまうのです。

　まず、海外の若者と同等のスタートラインに立つために、グローバルなマインドセットが必要不可欠なのです。それでは、グローバルマインドセットとはどのようなものなのか、ここで解説していきましょう。

グローバルマインドセットとは

　グローバルマインドセットとは、世界のシニアエグゼクティブ200人以上、マネジャー5,000人以上を対象に調査を行ったサンダーバード国際経営大学院のマンスール・ジャビダン教授、

メアリー・ティー・ガーデン教授、デイビット・ボーエン教授の研究により明らかとなった、海外での成否を決める3つの要素のことを言います（*Harvard Business Review*　2010年4月号より）。3つの要素とは、具体的には次の要素です（それぞれの要素の具体的な内容や進め方については、第1章の中で詳しく説明します）。

1. 知的資本：一般的な知識と学習能力
   ・グローバルビジネスの理解
   ・複雑性の認知
   ・コスモポリタン的な思考

2. 心理的資本：異文化に対する寛容さと変化への順応力
   ・多様性の尊重
   ・冒険心
   ・自信

3. 社会的資本：自分とは異なる人々と信頼関係を築く能力
   ・異文化への共感
   ・対人影響力
   ・対人交渉術

3. 専門性

　日本の就職と海外の就職を比べるとき、大きな違いの一つが就職をどのように捉えるかです。日本には、会社に就職するという「就社」という考え方があります。終身雇用はなくなりつつあるとお伝えしましたが、日本の多くの企業には「一つの会社に長く勤めていると給与が上がる」という年功序列の価値観が

色濃く残っているのが現状です。その価値観を前提とした採用方法が、「ポテンシャル採用」とも言われる新卒者の一括採用なのです。

　一方、欧米を中心とした海外の就職の考え方は、日本の考え方とは全く異なり、「即戦力」として通用するかどうかを基準に人材を採用します。そのポストに見合った採用を行うので、ポジションに必要なスキルや経験を持った人材が優先されます。言い換えると、日本では「ポテンシャル採用」のため、協調性や第一印象、コミュニケーション能力など、その人材の持つ素質や可能性が重視されるのに対して、海外ではスキルや経験、そして「専門性」が求められるのです。

　海外では、日本のように一つの会社に勤め上げるのではなく、自分の専門分野でキャリアアップしていくのが一般的です。例えば、私の長年の知り合いのアメリカ人・マーク（仮名）は大学院でMaster of Marketingを取得し、マーケティングを専門分野にしていました。最初のキャリアはカリフォルニア州ナパバレーにあるワイナリーのマーケティング担当、その次はサンフランシスコの教育関係のマーケティング部長、そして現在はファッション業界のマーケティング・エグゼクティブです。勤務してきた会社の事業内容はバラバラですが、マーケティングという専門性は一貫しています。転職するたびに、過去の経験や実績が評価されて、年収や職位が上がっており、そのようなことが起こりうるのが海外での就職の醍醐味でもあります。

グローバル就職で求められる専門性とは

　それでは、グローバル就職で求められる専門性とは、一体どのようなものを指すのでしょうか。友人のマークがそうであったように、たとえば大学での学部や専攻が大切です。大学や大

学院で学んだ専門分野と社会に出てからの仕事にある程度の一
貫性があると、「即戦力」の価値観に合いやすくなります。また、
経済学部といった大きな「くくり」よりも、マーケティング、会
計学など、より細かな専門分野で一貫性を見いだす方が実践的
だと見なされます。

　大学生の皆さんの中には、将来の専門分野についてはもう少
し時間をかけて決めていきたいという方もいるかもしれませ
ん。ただ、グローバル就職をしたい場合は、できれば現在、皆
さんが所属している学部や専攻に近い仕事を目指すのが早道で
す。前に述べた通り、企業にいきなり就職しようとするのでは
なく、海外インターンシップに参加して、その経験を次のステ
ップにつなげるルートがお勧めです。海外インターンシップに
参加する場合も、ご自身の専門分野をもとにインターンシップ
先の企業とのマッチングをしていきます。専門分野は自分自身
の武器になるものです。大学卒業後にどういうキャリアを構築

自分の強み＝専門分野をつくる――専門分野の例

アカウンティング	システムエンジニア	営業
ビジネス開発	データサイエンス	デザイン
ホスピタリティ	マーケティング	人事
プログラミング	ファイナンス	マネージメント
人工知能	法務	広告・PR

していきたいかを、いったん今の学部・専攻という視点から見つめ直すと、現在学んでいる学問分野の見え方が変わってくるかもしれません。また、大学での専攻と仕事を結び付けるだけでなく、次にお話しする日本での経験と自分の専攻も結び付けることで、より効果が増すのです。

4. 日本での経験

　さて、「まだ大学生なのに、日本での経験ってどういうことだろう」と思われる方もいるかと思います。実はインターンシップへの参加に際しても、これまでの就業経験を求められるのです。多くの方が「就業経験なんて持っていない」と思われるかもしれませんが、企業での就業経験がなくても大丈夫です。アルバイトの経験でも十分通用するのです。

　では、アルバイトの経験をどのように英文履歴書に記載すればよいのでしょうか。英文履歴書への書き方の詳細は、英文履歴書の項目で解説します。大事なのは考え方なので、ここでは最初にそれを押さえましょう。要は、先ほどの専門性とリンクさせるということです。

　通常、アメリカなどの海外インターンシップに参加する場合、英文履歴書をもとにホストカンパニー（受け入れ先の企業）を探し、その後オンラインで面接の上、受け入れるかどうかが決定されます。面接の前に、英文履歴書の Work Experience のところにアルバイトの経験を記載するのですが、単に「○○でアルバイトをした」という記載だけでは不十分です。

　例えば、大学でマーケティングを専攻しているＡさんが、地元のカフェでアルバイトしていたと考えてみましょう。悪い例

は「Ａカフェで店員としてアルバイトした」とだけ書いているもの。アルバイトしたという事実は伝わりますが、その人の良さや専門性が全く相手に伝わらず、アピールになりません。

そうではなく、まず、カフェのアルバイトで自分が行ったタスクを洗い出し、マーケティングの要素を持つものをピックアップしていきます。例えば、次のようになります。

・集客するためにイラストレーターでDMを作成し、顧客リストをデータベース化して220名に発送した。顧客の誕生月には別途、個別のDMを発送した。

・店のインスタグラムを開設し、定期的に人気メニューをアップし、ハッシュタグを活用したキャンペーンを企画した。

・Googleにビジネスプロフィールを作成。その後、Mapにも表示されるようになった。

・新人のアルバイト店員に、店のオペレーションやカスタマーサービスを指導した。

・競合店の人気メニューや価格、客層を分析し、新規メニューの開発に関わった。

いかがでしょうか。単にカフェでアルバイトをしたというだけの記述と比べると、具体的な活動をアピールできていることが分かると思います。英文履歴書や英語面接では、アルバイト先のカフェで自分の専門であるマーケティングの知識を大いに役立ててきたことを具体的に伝えるのです。そして、できれば、その成果はどうだったかという効果測定までまとめておくと、ビジネスの場面でより魅力的な自己PRとなります。

さて、経験を専門性とリンクさせるとお話ししましたが、その次に一貫性を持たせるということが大切です。私の友人のマー

クが勤務先を変えても、仕事はマーケティングで一貫していたのと同じ考え方です。大学生のアルバイトの経験も、バイト先は変わったとしても常に専門性を一貫させることだけは意識しておくと、海外インターンシップへの参加や将来のグローバル就職の際に役立ちます。グローバル就活を考える方は、アルバイト先やそこでの仕事内容も意識的に選択していきましょう。

5. 予算

最後に、予算についてです。参加費用の捻出は、大学生にとって頭の痛い問題ですが、海外インターンシップを実現させるために予算は考えなくてはならないものです。まずは、海外インターンシップに参加するために必要な費用の目安を見ていきましょう。

海外インターンシップの費用の目安（短期の場合）

インターンの種類	内　容 ポイント	費用の目安* プログラム費用・ 滞在費・航空券
短期研修型	短期集中で殻を破る	20〜30万円
欧米研修型	英語もロケーションも重視	40〜60万円
アジア実践型	新興国での経験は将来に有利	30〜40万円
欧米実践型	MBAスタイルのビジネスを経験	50〜90万円
オンラインインターン	オンラインでプロジェクトに参加	3〜20万円

＊費用は渡航国／都市、為替レートなどにより変動があります。

前ページの表は、短期インターンシップ（1ヵ月未満）の大まかな費用の目安です。一口に海外インターンシップと言っても、どのようなインターンシップをするかによって、費用に大きく差があることがお分かりいただけるかと思います。これが中期（3〜6ヵ月間）や長期（9ヵ月間以上）になると、その差は100万円以上になることもあります。

予算を検討する上で、押さえておいていただきたいポイントをこれから説明します。インターンシップにどれくらいの費用がかかるかは、次の要素によって決定します。

1. プログラムの種類
2. 参加期間
3. 滞在先
4. 参加する都市
5. ビザの種類

1. プログラムの種類

プログラム内容の詳細については、第2章以降で詳しく説明しますが、大まかに「研修型」と「実践型」に分けることができます。「研修型」の方は、期間は2週間くらいのものが多く、あらかじめスケジュールが決められています。多くはビジネス研修の要素を含み、参加者がグループで研修を受けたり、チームで企業のタスクや課題に取り組んだりします。PBL（Project Based Learning）に近い内容で、初〜中級者向けのため大学1年生でも参加可能です。一方、「実践型」のものは、実際に企業や団体にフルタイムで勤務するイメージです。英語力や専門性を求められるので、こちらは大学2〜3年生以上の方にお勧めします。

2. 参加期間

どれぐらいの期間、インターンシップに参加するかによって、滞在費・生活費・プログラム費用が変わってきます。大きく分けて、春休みや夏休みに参加する1カ月未満の短期インターンシップと、大学を休学して参加する長期インターンシップがあり、長期インターンシップにはすでに就職先の決まっている4年生が、卒業までの期間を利用して参加するケースや、社会人が休職・退職期間を利用して参加するケースもあります。

3. 滞在先

海外インターンシップの滞在先は、留学と同様、ホームステイや民間寮、シェアハウス、アパートなど多様です。ただし、多くの場合は国や都市によって、ある程度お勧めできる滞在先が決まっています。例えば、シンガポールには、欧米のようなホームステイ先はほとんどありません。ホテル滞在が一般的で、食事もホーカーセンターというフードコートのような屋外施設でリーズナブルに効率よく済ませることができます。海外インターンシップの事業者と相談して、適切な滞在先を選択しましょう。

4. 参加する都市

都市によって物価が違いますので、特に長期で参加する場合には注意が必要です。費用を抑えたければ、欧米なら地方都市、あるいはアジア諸国など物価の安い地域を選択しましょう。

5. ビザの種類

海外インターンシップに参加するために取得するビザは、国や仕事内容によって違います。予算を考えるときに注目すべき

なのは、国によってはアルバイトができるビザもあるということです。

　例えば、オーストラリアの学生ビザは、2週間で40時間まで（2023年7月1日以降は2週間で48時間まで）就労（アルバイト）することが認められていて、現地でアルバイトをしながら滞在することが可能です。ワーキングホリデービザも就労可能なビザなので、費用重視でより長く海外に滞在したい方にはお勧めです。ただし、有給でのアルバイトで可能な仕事は、カフェや日本食レストランなどのホスピタリティー系か、ピッキングなどの作業系が多くなります。オフィスワークで経験を積みたいと思っている人にとっては、理想と現実のギャップが生じる危険がありますので、注意が必要です。

　以上、費用については、5つの考慮すべきポイントがあります。早めに計画的に検討を進めていきましょう。次の第1章からは、いよいよ具体的にグローバル就活の事前準備について解説していきます。

第1章

グローバル就活の
事前準備

さて、この章ではいよいよ具体的にグローバル就活の事前準備について解説していきます。グローバル就活の事前準備として必要なのは次の3つだけです。

・グローバルマインドセット
・英文履歴書の作成
・英語面接対策

これらの内容は大学生向けの海外インターンシップに参加する際に必要なものとほぼ一致するため、参加するプログラムによっては、事業者や運営組織がサポート業務の一環として代行してくれる場合もあります。ただ、実はこの事前準備をすることそのものが、実際にインターンシップに参加する経験と同じくらい重要なのです。なぜなら、この3つの実行に必要なスキルは就職後もグローバル社会でキャリアアップする際に、ずっと使える一生もののスキルだからです。皆さんは、ぜひ世界標準の就活スキルとして、在学中にこの3つを獲得してください。

それでは、この3つの事前準備について順を追って説明していきます。

グローバルマインドセット （**global mindset**）

　序章でも書きましたが、海外の若者と同等のスタートライン
に立つためには、グローバルなマインドセットを持つことが必
要不可欠です。なぜなら、日本と海外ではビジネスカルチャー
が全く異なるからです。

グローバルマインドセットとは

　グローバルマインドセットは、3つの要素（資本）から成り立
っています。

1. 知的資本：一般的な知識と学習能力
    - グローバルビジネスの理解
    - 複雑性の認知
    - コスモポリタン的な思考
    - 日本についての理解
2. 心理的資本：異文化に対する寛容さと変化への順応力
    - 多様性の尊重
    - 冒険心
    - 自信
3. 社会的資本：自分とは異なる人々と信頼関係を築く能力
    - 異文化への共感
    - 対人影響力
    - 外交的手腕

　これらの要素は、元々はビジネスパーソン向けの内容ではありますが、大学生が海外インターンシップに参加したり、グローバル就活をしたりする際にも適用できるものです。

1. 知的資本

　まず、知的資本については、実際にインターンシップに参加する前に事前学習しておくことができます。例えば、大学が提供する海外インターンシップ研修であれば、大学が事前講義を実施することで、それに参加する学生の知的資本を底上げすることができます。事業者が提供するプログラムの場合には、渡航前オリエンテーションとして実施されることが多いのですが、インプットとしては浅くなってしまうため、できれば大学が講義形式で実施してくれることが理想です。もしこうした講義がある場合は、皆さんにはぜひ参加することをお勧めします。自己学習も可能ですが、その場合は次の内容を押さえましょう。

　「グローバルビジネスの理解」とは、その国の経済や主な産業、業界研究などを理解することを指します。例えば、アメリカに行く場合なら、MBAスタイルのビジネスについて知っておくことなども該当します。自分がインターンシップをする国はどのようなビジネスのスタイルを持っているのかをあらかじめ把握した上で、インターンシップに参加することが大切です。

　「複雑性の認知」とは、さまざまな問題や課題に関して取り組むことができる能力を言います。国連のSDGs（持続可能な開発目標、Sustainable Development Goals）の取り組みについて知っておく、世界の社会問題について学んでおく、などがそれらの理解につながります。

　「コスモポリタン的な思考」とは、簡単に言えば世界的視野の下に行動できる人、そしてその思考を指します。例えば、前述

のSDGsでも「誰一人置き去りにしない（No one must be left behind.）」とうたわれており、SDGsはコスモポリタン的な人類共通の目標と言えます。

さて、この3つが知的資本と言われるものですが、これに加えて私は「日本についての理解」を皆さんにぜひ押さえていただきたいと思います。なぜなら、実際に海外に渡航すると、日本について聞かれることが想像以上に多いからです。それは例えば、日本の歴史や宗教、文化、地理、人口などの基本情報から、最新の時事問題に至るまでさまざまです。また、グローバル就職をした後に、日本の禅や武道について詳しい外国人と会話することもあるでしょう。その際に、自分の知識をある程度語れると、周囲からも一目置かれます。それ以上に日本人として自身のアイデンティティーを確立しておくことは、マインドセットの中で重要な役割を果たすのです。

---

1. 知的資本まとめ

グローバルビジネスの理解
　その国の経済や産業構造について知る、業界の動向を理解する

複雑性の認知
　さまざまな課題を把握し、解決することができる

コスモポリタン的な思考
　世界的視野の下に行動できる

日本についての理解
　歴史や宗教、文化、地理、人口などの基本情報から時事問題まで把握しておく

---

2. 心理的資本

　次に、心理的資本ですが、これが日本の学生にとって最も重要なポイントです。異文化に対する寛容さと変化への順応力は、まさにグローバル人材に求められている要素でもあります。

　「多様性の尊重」は近年、日本でもジェンダー教育やLGBTQへの理解、外国人労働者との共存など、社会的課題として挙げられているものです。海外インターンシップに参加することは、海外の多様性について学ぶ機会にもなります。全ての分野を網羅して事前準備しておくことは難しいと思いますが、例えば今回はアメリカでジェンダー教育について学ぶなど、まずはテーマを設定しておくとよいでしょう。

　「冒険心」は、チャレンジ精神と言い換えることもできます。グローバル社会では、困難な状況下でも前向きにやってみる姿勢が評価されるのです。インターンシップ中の困難な状況というと、次のようなシチュエーションが想定されます。

・メールを送ったけれども返信がない
・上司に仕事内容について質問したいけれども、忙しそうでなかなか聞けない
・オフィスがパーテーションで区切られていて、一日中誰とも話していない
・ミーティングでスタッフが発言するスピードが早すぎて、発言するタイミングをつかめない

　事前準備として、これらの状況を想定したロールプレイをしてみることも有効です。グローバルマインドセットで、皆さんに最も身に付けてほしいものは「自信」です。ここで言う自信とは、単に自信たっぷりな状況を指すのではなく、ビジネスのプ

ロジェクトを達成することのできる、決意や経験、精神的な強さ、相手へのリスペクトを兼ね備えたものです。実際に海外インターンシップを経験することで培われる部分もありますが、「自信」は参加前のホストカンパニーとの面接でも求められます。声のトーンや大きさ、話す内容を意識して変えるだけでも効果があります。以下に、例としてその特徴をいくつかご紹介します。

自信があるように見える人の特徴

- ・声のトーン　　　高すぎず、低すぎない
- ・声の大きさ　　　やや大きくする
- ・話し方　　　　　はっきりと話す、抑揚をつける
- ・表情　　　　　　相手の目を見る

　　　　　　　　　困ったときに笑ってごまかさない

- ・話す内容　　　　本題や結論を先に話す
- ・言葉のチョイス　sorry など謝罪の言葉を軽々しく使わない

　　　　　　　　　相づちを打つときには Great, I agree with you. などビジネスで使用するフレーズを選択する

- ・姿勢　　　　　　背筋を伸ばし、ゆったり構える
- ・動作　　　　　　強調する箇所にはジェスチャーを使う

　　　　　　　　　握手は強めにしっかり握る

　　　　　　　　　生き生きと振る舞う

- ・メンタル面　　　「英語が通じなかったらどうしよう」などという不安要素は打ち消す

　　　　　　　　　自己信頼性を高める

英語での面接は、何度も練習することで自信がついてきます。前述の内容を意識しながら、自己練習や模擬練習を重ねましょう。

---

2. 心理的資本まとめ

多様性の尊重
　ジェンダー平等やLGBTQへの理解、外国人労働者との共存

冒険心
　チャレンジ精神、積極性

自信
　決意、精神的な強さ、自己信頼性、相手へのリスペクト

---

3. 社会的資本

　最後に、社会的資本についてです。これに関しては、海外インターンシップや留学に参加する中で培われていく部分が大きいと思います。

　「異文化への共感」については、この本を読んでいる方であれば、ある程度素養があるかもしれません。実際にインターンシップに参加していると、ビジネスカルチャーは国によって大いに異なることに気付くはずです。

　例えば、英語を使ったコミュニケーションでも、アメリカとシンガポールでは全く違います。シンガポールではアメリカ以上にスピード感を求められますので、シングリッシュと言われる独特の英語のアクセントと相まって最初は驚く人も多いでしょう。ただ、より効率化を求める国民性やその背景にあるもの

を理解し尊重することで、今後のビジネスをより円滑に進めることができるのです。

「対人影響力」は、これからの時代、海外はもちろん日本でも重要になってくる要素です。多種多様な意見や考え方を取りまとめたり、説得したり、合意を形成したりしながらプロジェクトを推進していく力のことです。

日本においても、外国人労働者の増加により、考え方や文化の違う人たちと一緒に働いたり、マネジメントしたりする機会が増えてきています。その中で問題になっているのは、「コミュニケーションの不完全さ」です。言語の壁はもちろんあるものの、それ以上に考え方や文化・風習の違いによるものが大きいと考えられます。労働人口が減少していく日本において外国人労働者は国の経済を支える重要な存在です。対人影響力は、外国人とうまく働くことができるスキルにも直結するのです。

社会的資本の3つ目の要素は、「外交的手腕」です。この要素は何も外交官だけのものではありません。

例えば、海外インターンシップで海外に渡航すると、日本人を代表して話さなくてはいけない場面が時折訪れます。そのような場面では、ある意味日本の大使として話すことが求められます。あなたの発言によって日本の印象が決まってしまいますから、責任は重大です。こうした場面を繰り返して経験することが、「外交的手腕」を身につける第一歩となるでしょう。

また、この社会的資本とは、相手の真意や目的を正確に推し量ることのできる能力のことを指します。考え方の全く違う人たちの話を傾聴し、理解していく力が求められてくるのです。

> **3. 社会的資本まとめ**
>
> **異文化への共感**
> 　その国の文化や国民性、その背景にあるものを理解し尊重すること
>
> **対人影響力**
> 　多種多様な意見や考え方を取りまとめたり、説得したり、合意を形成したりしながらプロジェクトを推進していく力
>
> **外交的手腕**
> 　相手のこと（真意や目的）を正確に推し量ることのできる能力。傾聴力

　以上、3つの要素について説明してきました。忙しい大学生だからこそ、最初のステップとしてグローバルマインドセットを押さえておくことが、後々効果を発揮することにつながるのです。

英文履歴書の作成方法

英文履歴書を作成するのは2回

　さて、グローバル就活の事前準備の最大のポイントと言ってもいい英文履歴書の作成方法について説明していきましょう。

英文履歴書の作成は、グローバル就活を進めていく中で2回必要になります。1回目は海外インターンシップに参加する前、2回目は帰国後にグローバル就活を進める際にです。ただし、1回目は英文履歴書についての知識やその作成作業が必要となりますが、2回目はそれをアップデートすればよいので比較的楽です。

　後ほど説明しますが、英文履歴書では、最新の経歴を時系列とは逆に上から記載します。インターンシップの最新の就業経験をグローバル就活の際にアピールするのですが、この考え方こそがグローバル就活の中心にあるものです。

　さて、日本でアルバイトやインターンシップをしたことがある人なら、日本語（和文）の履歴書を作成したことがあるという人は多いと思います。

　では、ここで質問ですが、あなたは、「英文履歴書は日本語の履歴書を英訳すればよい」と思いますか。答えはNoです。

　ここまで読み進めていただいた人なら分かると思うのですが、海外と日本では履歴書の書き方そのものが違うのです。その違いを知ることが英文履歴書作成の第一歩ですので、具体的にどのように違うのかを見ていきたいと思います。

和文履歴書と英文履歴書の違い

　それでは、和文履歴書と英文履歴書を見比べてみましょう。まずは48-49ページの日本語の履歴書をご覧ください。

　フォーマットに多少の違いはありますが、これが一般的な和文履歴書です。皆さんも一度は作成したことがあるかもしれません。

　次に50ページの英文履歴書を見ていきましょう。

履 歴 書

XX年　X月　X日　現在

ふりがな	りれき　　はな	
氏名	**履歴　花**	
	平成 X 年　X 月　X 日生　（満 XX 歳）	※性別　**女**
ふりがな	とうきょうとすぎなみくおぎくぼ	電話
現住所	〒167 - 00XX　東京都杉並区荻窪X-X-X	080-XXXX-XXXX
E-mail	hana.rireki@XXXX.com	

年	月	学　歴・職　歴（各別にまとめて書く）
		学歴
平成19年	4月	東京都立〇〇高校入学
平成22年	3月	東京都立〇〇高校卒業
平成22年	4月	湯島学園大学文学部入学
平成26年	3月	湯島学園大学文学部卒業
		職歴
平成26年	4月	日本ホテル入社
		宿泊部オペレータ部門配属
平成29年	6月	一身上の都合により退職
平成29年	7月	株式会社フレンドリーサービス入社
		カスタマーサービスに配属
		現在に至る
		以上

※「性別」欄：記載は任意です。未記載とすることも可能です。

年	月	学　歴・職　歴（各別にまとめて書く）
		免　許・資　格
平成24年	6月	普通自動車第一種免許取得
平成26年	2月	TOEIC公開テスト　800点取得
平成27年	6月	秘書技能検定　2級合格

志望の動機、特技、好きな学科、アピールポイントなど

社内外問わず人に喜んでいただけることにやりがいを感じます。
これまでのカスタマーサービスの経験を活かし、忙しい時間帯でも落ち着いてお客様の意図をくみ取れるよう、仕事に取り組んでいきます。

◆特技
スキューバダイビング
常に冷静でいることは安全の面でも大事ですし、潜るたびに新たな発見があり、好奇心を刺激してくれます。

本人希望記入欄（特に給料、職種、勤務時間、勤務地、その他についての希望などがあれば記入）

貴社の規定に準じます。

Taro Tenshoku

X-X-X Kyodo, Setagaya-ku, Tokyo, Japan 156-00XX
Mobile: 090-XXXX-XXXX   E-mail: taro.tenshoku@xxxx.com

OBJECTIVE

To obtain a challenging position in the retail and wholesale sector where my extensive experience can be utilized.

SUMMARY

- 6 years of experience in developing distribution channels to sell imported furniture.
- 3 years of marketing and planning experience in a major office furniture manufacturer.
- Sales expertise to engage customers including major online shops.
- Demonstrated ability to identify, select, and negotiate with customers.

WORK EXPERIENCE

JAPAN FURNITURE INC., Tokyo   **July 2013—present**
- **Section Chief, Imported Products Sales Division**   (November 2017—present)
- **Group Leader, Imported Products Sales Division**   (April 2014—October 2017)
- **Marketing Research Division**   (July 2013—March 2014)

– Developing new distribution channels for higher cost performance; Responsible for producing monthly/yearly sales forecasts.

Achievements:
- Achieved XXX million yen against 2017 Target of XXX million yen   (Achieved XXX%)
- Achieved XXX million yen against 2016 Target of XXX million yen   (Achieved XXX%)
- Achieved XXX million yen against 2015 Target of XXX million yen   (Achieved XXX%)

NIPPON OFFICE SUPPLY LTD., Tokyo   **April 2010—June 2013**
- **Product Planner, Products Planning Division**   (October 2011—June 2013)
- **Researcher, Marketing Research Division**   (April 2010—September 2011)

– Conducted several marketing research projects utilizing multivariable analysis knowledge. Successfully planned some office furniture as a product planner.

Achievements:
- Achieved XXX million yen against 2012 Target of XXX million yen   (Achieved XXX%)
- Achieved XXX million yen against 2011 Target of XXX million yen   (Achieved XXX%)

EDUCATION

Bachelor of Sociology, TOKYO GAKUIN UNIVERSITY, Tokyo（2010）

QUALIFICATIONS/SPECIAL SKILLS

- TOEIC 850（2018）
- Nissho Bookkeeping 2nd grade

ADDITIONAL INFORMATION

- Participated in the 2011 East Japan great earthquake volunteer.
- Coached the baseball team of the University of Kasumigaseki.

　ここで質問ですが、和文と英文の履歴書を見比べて、皆さんはどのような印象を持ちますか。また、どのような違いがあると思いますか。まず、見た目で大きく違うと思う人が多いのではないでしょうか。和文との違いを以下に挙げていきましょう。

1. サイズの違い

　和文のものはB5またはA4サイズのものが2枚（見開きだとB4またはA3で二つ折り）という構成になっていますが、英文の方は基本的にA4サイズ1枚（社会人で経歴の多い人は2枚）となります。

2. 決まったフォーマットがない

　英文履歴書には日本の履歴書のような決まったフォーマットはなく、作成者が自分で自由に作成します。よって、作成者のセンスが問われることになるのです。

3. 写真がない

　日本であれば、第一印象を良くするために写真屋さんで撮影するなど、プロフィール写真に気を使いますが、英文履歴書に写真の添付は必要ありません。

4. 年齢・性別を記載しない

　和文の履歴書には、生年月日や年齢、性別の記載欄がありますが、英文履歴書には年齢や性別は記載しないのが通常です。国によって違いはありますが、特にアメリカの場合は初対面の相手に年齢・性別を聞くのはタブーとされているので注意が必要です。これは、その人のバックグラウンドに関係なく、能力やプロアクティブさ（熱意や積極性）、経験をより重視するビジネスカルチャーによるものです。実際のところ、面接官は候補者のおおよその年齢は把握しておきたいのですが、そこは卒業年度などから推測することが多いのです。

5. 年代の並び方が逆

　和文履歴書では、学歴や経歴など年代の古いものから順番に記載していきますが、英文履歴書は最近のものから順番に記載していきます。常に最新版にアップデートすることの大切さが、ここにも表れているのです。

6. 趣味の項目がない

　和文履歴書には「趣味・特技」という欄がありますが、これはその人の人柄を知りたいという日本特有のものです。海外ではビジネスの場面で趣味の話はあまりしないことが多いのです。面接で、英語で自己紹介をしてくださいと言われた際に、My hobby is...と趣味の話をする人をよく見かけますが、子どもっぽいと思われてしまいます。趣味は、英語面接では避けた方がいい話題です。

7. 教育・職務に規定の書式がない

　和文履歴書では公的な記録や資格を明記するのに対して、英文履歴書では公的な記録や資格に限らず、教育・職務の記録や資格を自由に記載することが可能です。自分自身をアピールする前提で、より具体的に記載することがポイントとなります。教育・職務経験・スキル以外のことでも、自分のアピールにつながりそうなもの（ボランティア活動など）があれば記載してかまいません。

8. 手書きはしない

　和文履歴書では丁寧に手書きで作成することで「人柄」や「熱意」をアピールすることも可能ですが、英文履歴書はパソコンで作成する以外に選択肢はありません。

　以上、和文履歴書と英文履歴書には、さまざまな違いがあることが分かったでしょうか。履歴書に対する考え方が違うとい

う点が何より大切です。

英文履歴書の作成方法

　次に、実際に英文履歴書の書き方を解説していきましょう。まずは、英文履歴書のサイズやフォーマットから見ていきましょう。

英文履歴書の基本フォーマット

1. 用紙サイズ

　大学生ならA4サイズ1枚にまとめましょう。社会人や大学院生で職務経験や業績がたくさんある場合でも、2枚にまとめると見やすくなります。

2. フォント

　使用する英文フォントは、Times New RomanあるいはArialが一般的です。迷ったら、欧米のビジネスパーソンが最も好むTimes New Romanを使用しましょう。文字のサイズは10.5 〜 12ポイントがお勧めです。全体のバランスを見て、サイズを決めてもいいでしょう。例えば、見出しは本文よりも大きく、太字にしてもいいと思います。文字の色は黒のみにしましょう。

3. テンプレート

　前述の通り、決まったフォーマットはありませんが、Wordなどの文書作成ソフトを使用して、パソコンで作成しましょう。余白に関しては、文章量が多い場合はやや狭く、少ない場合は標準で設定するといいでしょう。

4. レイアウト

　美しい英文履歴書を作成する上で、全体のレイアウトもチェ

ックすべき項目です。なるべくA4サイズ1枚を埋めるように文字量を調整しましょう。

5. サンプル

　初めて作成する際には、サンプルを手本にしながら、全体の構成やレイアウトを考えるといいでしょう。

　次に、英文履歴書の構成についてパートごとに解説します。

英文履歴書の構成

それでは、英文履歴書の構成を見ていきましょう。

① PERSONAL INFORMATION

　冒頭に個人情報（氏名、住所、電話番号、Eメールアドレスなど）を記載します。

・住所

　英文で住所を書く際は、日本と逆になります。英文では部屋番号、番地、市区町村、都道府県、郵便番号の順となります。部屋番号の前には#、都道府県の"to"、"fu"、"ken"は不要、市区町村の"-ku"などは前にハイフンを付けます。

例：

〒100-0001 東京都千代田区千代田1-2-3 XXビル101号

↓

#101 XX building, 1-2-3 Chiyoda, Chiyoda-ku,
Tokyo 100-0001

・メールアドレス

　ニックネームやキラキラしたものは避けましょう。現在の

アドレスがカジュアルすぎる場合は、名前などをベースにしたものに変えておくといいでしょう。

・電話番号
　国番号「+81」+市外局番の最初の「0」を除いた電話番号で記載します。

> 例：03-1234-5678 → +81-3-1234-5678
> 　　090-1234-5678 → +81-90-1234-5678

②OBJECTIVE

　希望職種を記載します。ここには、自分が何をしたいという要望を書くのではなく、「どんな貢献ができるのか」を意識して書くことが大切です。大学生が新卒として応募する場合には、「やりがいのあるポジション」などとある程度幅を持たせて書くのが一般的です。

　また、英文履歴書全体に言えることですが、主語の「I」は不要です。

> 例：To obtain a challenging position in the retail and wholesale sector where my extensive experience can be utilized.

③SUMMARY

　SUMMARYはOBJECTIVE以上に重要な項目です。ここで、採用担当者にこの先の項目を見てもらえるかどうかが決まります。自分のアピールポイントを4〜5行程度の箇条書きにまと

〈良い例〉

① # Kaoru Rireki

X-X-X Izumi, Suginami-ku, Tokyo, Japan 168-00XX
Mobile: +81-90-XXXX-XXXX　E-mail: kaoru.rireki@xxxx.com

② ## OBJECTIVE

To obtain a challenging position in the retail and wholesale sector where my extensive experience can be utilized.

③ ## SUMMARY

- 7 years of experience in café team. Excellent communication, planning and conflict resolutions skills have resulted in a promotion to shift supervisor.
- Skilled multitasker who thrives in a fast-paced, high-pressure work environment. Flexible scheduling availability to include all evenings, most weekends, and special events as required.

④ ## WORK EXPERIENCE

COFFEE & GO INC., Tokyo　　　　　　　　　　　**June 2015—present**

- **Shift Supervisor**　　　　　　　　　　　（April 2016—present）

– Participated in a strategy meeting to improve sales and adopted several ideas.
– Implemented a unique sales promotion campaign using social media, which increased sales by XX%.
– Managed staff included scheduling and training as well as operation duties.
– Managed inventory control and cash register money operation.
– Effectively communicated new product information to all staff members.

⑤ ## EDUCATION

2018-2022 Bachelor of Economics,
XXXX UNIVERSITY, Tokyo
-Won 2019 National English Speech Contest about SDGs

⑥ ## QUALIFICATIONS/ SKILLS

- Language Skills:
- Japanese – Native　English – Fluent　Chinese – Beginner
- 2020 - TOEIC 880
- Computer Skills:
- MS Office (Outlook, Excel, Word, PowerPoint, OneNote)
- Programming Skills:
- Python, JavaScript, C++

〈悪い例〉

Kaoru Rireki

X-X-X Minowa, Taito-ku, Tokyo, Japan 110-0011
Mobile: 080-XXXX-XXXX   E-mail: kirakirakirakira_777_kitty@XXX.ne.jp

OBJECTIVE
I want to apply for your company. I am a hardworking, motivated university student with a lot to offer. I am fit for many tasks.

SUMMARY
・I worked for a convenience store as a part timer for 2 years.

Hobby
My hobby is running. I like running with my friends once in a week.

EDUCATION
Bachelor of Economics (expected), Ekimae UNIVERSITY, Tokyo (20XX, March)

QUALIFICATIONS
・1st grade Driver's License

めて記載します。アピールポイントは、自分のスキルや経験などをファクトである数値を含めて書きますが、自分がどのような人材なのかが分かるように練り上げておく必要があります。ここでも主語「I」は必要なく、動詞か名詞から書き始めます。

例：

・6 years of experience in developing distribution channels to sell imported furniture.

・3 years of marketing and planning experience in a major office furniture manufacturer.

・Sales expertise to engage customers including major online shops.

・Demonstrated ability to identify, select, and negotiate with customers.

---

④ WORK EXPERIENCE

WORK EXPERIENCE（職歴）は、英文履歴書の中で最も重要なセクションと言っても過言ではありません。採用担当者は、SUMMARYにざっと目を通した後に職歴の最新の経験を見ておおよその判断をするため、この最新の職歴（海外インターンシップなど）が魅力的なものになるようにあらかじめ意識して経験を積んでおくとよいのです。

前述の通り、時系列は和文履歴書と逆になります。まず会社名、勤務先、在籍期間を書き、次に職務内容を箇条書きで書いていきます。ここでのポイントは、自分のアピールにつながりそうな要素を抽出して具体的に書くことです。大学生でまだインターンシップの経験がない場合は、アルバイトの経験で問題ありません。

　自分が経験した業務を細かく見ていくと、アルバイトでも何かしらアピールできる内容が含まれているものです。例えば、外資系のカフェでアルバイトをした大学生がいたとして、和文と英文の履歴書では書けることに次のような違いがあります。

【和文履歴書の場合】
・アルバイトの記載は基本なし。書く場合は、エントリーシート（ES）の自己PR欄などに記載。

【英文履歴書の場合】
・XX年XX月～XX年XX月　シフトスーパーバイザー/SSV（アルバイトでも、役職をつけて記載して問題ありません。）
・売上向上のための戦略ミーティングに参加し、自身のアイデアが採用され、社員とともにプロジェクトに参加した。
・ソーシャルメディアを活用した店舗独自の販売促進キャンペーンを実施し、売り上げをXXパーセントアップさせた。
・新人を戦力化させるべく教育・トレーニングを実施した。
・在庫管理やレジのお金を管理した。
・新商品の情報を全スタッフに効率的に共有した。

上記を英文で記載すると次のようになります。

Shift Supervisor　　　April XXX – present
・Participated in a strategy meeting to improve sales and adopted several ideas.
・Implemented a unique sales promotion campaign using social media, which increased sales by XX%.
・Managed staff included scheduling and training as well as operation duties.
・Managed inventory control and cash register money operation.
・Effectively communicated new product information to all staff members.

---

⑤EDUCATION

　EDUCATION（学歴）には、最新のものから順番に学校名、所在地、在籍期間、取得学位、学科などを記載します。基本的に最終学歴のみで大丈夫ですので、社会人の方は大学・大学院、短大などを記載し、大学生で海外インターンシップ用に英文履歴書を作成する方や高校を卒業されたばかりの方は高校まで記載していただいても結構です。

　この箇所もWORK EXPERIENCEと同じく、海外留学や海外研修の参加などアピールできる経験や受賞歴があればどんどん記載していきましょう。

> 例：・2018-2022 Bachelor of Economics, XXXX
> 　　　UNIVERSITY, Tokyo
> 　　・Won 2019 National English Speech Contest
> 　　　about SDGs

⑥QUALIFICATIONS / SKILLS

　QUALIFICATIONS / SKILLS（資格・スキル）では、応募先から見て魅力的だと思われる資格やスキルを記載します。

　和文履歴書では資格欄に「令和X年　普通自動車第一種運転免許 取得」などと自動車運転免許について記載することがあります。英文履歴書では、運転スキルを業務に必要とする企業に応募するのでない限り、運転免許よりも語学の検定やコンピューターの検定や資格・スキル、簿記の資格などを書いた方がアピールにつながります。

　また、スキルには、「ハードスキル」と「ソフトスキル」の2種類があります。ハードスキルとは特定の訓練によって得ら

れるスキルで、プログラミング言語（JavaScript、Java、C++、HTML、Python）やデータサイエンス、ライティング、グラフィックデザイン、データ分析、マーケティング調査、2カ国以上の言語能力などがこれに当たります。

　文系・理系にかかわらず、企業にとってコンピュータースキルやプログラミングスキルは英語のスキル以上に魅力的なものです。また、ビッグデータ（人間では全体を把握することが困難な巨大なデータ群。ソーシャルメディアデータ、マルチメディアデータ、ウェブサイトデータなど）やAI（artificial intelligence）の関連分野はグローバル企業にとってニーズが高く、この分野の知識のある方は具体的に記載しておきましょう。

　ここで盲点になりやすいのが、日本語がネイティブであることが強力なアピールにつながるということです。英語に関して

ハードスキルの例

Programming Skills	プログラミングスキル	Python, JavaScript, C++ など
Computer Skills	コンピュータースキル	MS Office (Outlook, Excel, Word, PowerPoint, OneNote) Web (HTML, CSS, WordPress) Social Media (Facebook, Twitter, Instagram) など
Language Skills	言語スキル	Japanese – Native English – Fluent Chinese – Beginner
Design Skills	デザインスキル	Photoshop Illustrator など
Marketing Skills	マーケティングスキル	Social Media Marketing Digital Marketing SEO など

は、もともとコミュニケーションができて当たり前という考え方があるため、先方の企業にとっては母国語が武器になることを押さえておいてください。

　また、ソフトスキルとは、コミュニケーションスキルのような対人関係スキルのことです。インターンシップやアルバイト、クラブ活動などの人との関わりの中で獲得するものが多くなります。海外インターンシップやグローバル就職では、このソフトスキルも強力なアピールポイントです。なぜなら、企業側にとって、ソフトスキルは教えるのが難しいものだからです。

ソフトスキルの例

Problem Solving	問題解決能力
Communication	コミュニケーション能力
Creativity	創造性
Teamwork	チームワーク
Time Management	タイムマネジメント
Active Listening	アクティブリスニング
Critical Thinking	批判的思考
Flexibility	順応性

　以上、英文履歴書の構成要素を見てきましたが、かなり自由度の高い構成になっていることがご理解いただけたと思います。最後に、QUALIFICATIONS / SKILLSの書き方の一例をご紹介しましょう。

例：

Qualifications / Skills

Language Skills:
Japanese – Native English – Fluent Chinese –
Beginner

TOEIC Test 880（2020）

Computer Skills:
MS Office (Outlook, Excel, Word, PowerPoint,
OneNote)

Programming Skills:
Python, JavaScript, C++

Soft Skills:
Teamwork, Problem solving, Time management,
Customer service

action verbを効果的に使用する

　英文履歴書を記載する際の注意事項として、主語「I」を使わ
ないとお伝えしましたが、そうすると必然的に文を動詞で始め
ることが多くなります。文頭で使う動詞はビジネス上、経歴や
スキルなどを効果的に表現するaction verbが望ましいとされ
ており、カジュアルな動詞を使用するとアマチュアだと思われ
てしまいます。

　英文履歴書の出来を左右すると言っても過言ではないaction
verbの代表的なものを次ページに挙げておきます。

　英文履歴書の作成方法が理解できたら、現段階での自分の英
文履歴書を一度作成してみましょう。完成したら、大学生なら

action verbの例

achieve / 達成する	head / 先導する	plan / 計画する
advocate / 提言する	identify / 確認する	prepare / 準備する
assign / 任命する	implement / 実行する	provide / 与える
attain / 達成する	improve / 改善する	research / 調査する
authorize / 権限を与える	introduce / 導入する	resolve / 解決する
build / 構築する	launch / 始める	reinforce / 強化する
conduct / 実行する	lead / 導く	schedule / 予定する
contribute / 貢献する	manage / 管理する	select / 選択する
coordinate / 調整する	maximize / 最大化する	supervise / 管理する
create / 創造する	minimize / 最小化する	support / 支える
demonstrate / 示す	negotiate / 交渉する	train / 訓練する
direct / 指揮する	operate / 運用する	update / 更新する
facilitate / 促進する	organize / 組織化する	upgrade / 改良する
guide / 導く	perform / 実行する	utilize / 活用する
handle / 処理する	persuade / 説得する	verify / 立証する

外国人の先生や英語の先生にチェックしてもらいましょう。知人の中にグローバルな経験を持っている社会人がいれば、ぜひフィードバックをもらってください。英文履歴書の確認サービスを提供している海外インターンシップ事業者もあります。

　もう少しハイレベルなものを作成してみたいという方は、「English resume template」でネット検索すると、ダウンロードして使用できる素材が見つかります。ウェブデザインやファッションなど、クリエイティブな職種でのインターンシップを希望するなら、デザイン性の高いテンプレートを見本にして作成しましょう。

英語面接対策

　さて、ここからはいよいよ英語面接対策について解説していきましょう。例えば、目の前に座った外国人に、"Tell me about yourself."（あなたのことを教えてください）と言われたら、あなたはどう答えますか。スムーズに対応できるでしょうか。

　大学生であれば、人生初の英語面接で緊張するかもしれません。ただ、英語面接はその仕組みを知り、対策をしっかりと行えば、乗り越えることができるものです。面接を受ける側が、大学生で海外インターンシップに参加したいのか、社会人で転職を希望するのかで、質問や回答が変わってきますが、基本的な構造は同じです。

　ここでは英語面接の内容について、大学生が海外インターンシップに参加する場合を想定して見ていきましょう。

英語面接の内容

　それでは、大学生が最初に受けると思われる、海外インターンシップの英語面接の特徴を挙げていきます。

1. オンライン面接

　インターンシップのホストカンパニー（受け入れ企業）が実施する面接は、ZoomやTeams, Google Meetといったオンラインプラットフォームを使用して実施される場合がほとんどです。企業での対面面接では面接官が複数いる場合がほとんどですが、オンライン面接では面接官は基本的に1人です。

●押さえるポイント：

・静かな場所を確保する

・インターネット環境を確認する：インターネットの回線速度を事前に確認する（無料のサイトを検索しておく）

・ヘッドセットを準備する

・オンラインプラットフォームに接続する際、音声および画面テストをする

2. 時差がある

ホストカンパニーの所在地によって、時差が発生します。例えば、10月にアメリカのサンフランシスコの企業の面接を受けるとすると、サマータイムなので日本とは16時間の時差があります。日本時間（JST）の朝8時からの面接は、現地では前日の午後4時からの面接ということになります。

●押さえるポイント：

・時差を確認する（サマータイムに注意）。スマートフォンの世界時計を使用してもよい

・面接オファーが来たら、時間帯を確認する

3. 冒頭にアイスブレイクがある

これは面接官によりますが、カジュアルな質問から始まることがあります。例えば、「英語はどこで学びましたか」とか、「今そちらは何時ですか」といった話題です。

●押さえるポイント：

・緊張を解く最大のチャンスなので、リラックスして話す

・すでに面接は始まっているので、カジュアルな単語を多用しない

4. 重要な質問のパターンは決まっている

面接に関しては履歴書とは違い、日本語と英語で全く違うということはありません。聞かれることはある程度決まっています。後ほど詳しく説明しますが、特に次の質問はよくされますので、あらかじめ回答を練習しておきましょう。

・自己紹介
・志望動機
・専門スキルや経験
・質疑

●押さえるポイント：

・想定される質問に対しては回答を練習しておく
・回答にあらかじめネイティブチェックを受けておく
・専門スキルや経験については、特に念入りに準備しておく

5. 面接回数は1回

大学生が参加するインターンシップの場合は、30分くらいの面接1回で採用不採用が決まることが少なくありません。外資系企業、特に金融機関やコンサルファームへの就職では、面接を10回以上重ねる企業もあります。

●押さえるポイント：

・先方（面接官やホストカンパニー）との相性もあるので、決まらなくても落ち込まない
・上手に話せなかった話題があれば、次回の面接までに練習しておく

英語面接のポイントは以上です。イメージはつかめたでしょうか。

自己分析の方法

　実際に面接対策を進める前に、初めて英語面接を受ける方が絶対にやっておいた方がいいこと、それが自己分析です。ここからは、自己分析の方法について解説していきます。

　大学1年生や2年生なら、「あなたはどういう人間ですか」と真正面から問われて、答えられる人の方が少ないと思います。知らず知らずのうちに周囲から抱かれる自分のイメージに自分を合わせてしまっていたり、自分では社交的な性格だと思っていても実は慎重な面があったりと、自分のことは意外と分からないものです。英語面接を受けるにあたっては、一度じっくりと自己分析をしてみることをお勧めします。ここでは、お勧めの自己分析の方法をいくつかご紹介していきましょう。

1. セルフヒストリーを書き出す

　セルフヒストリーを書き出すのは、日本の就職活動でも使われている手法です。文字通り、セルフヒストリー（自分史）をシートに書き出していくのです。オーソドックスな方法ですが、あなたが大学生であれば、自分自身を振り返る絶好のタイミングですので、時間をかけて一度作業してみてください。

　やり方としては、小学校、中学校、高校、大学という4つの時期ごとに、主な「出来事」を書き出していきます。その中で自分がどう「アクション」し、何を「学んだ」のかを思いつく限り書き出していくのです。

　この方法のポイントは、自分をどれだけ深く掘り下げることができるか、そしてどれだけ多くの出来事を振り返ることができるかにかかっています。例えば、実家に帰った際に親から昔

セルフヒストリーシートのサンプル

	出来事	アクション	学んだこと
小学校	クラスメートの前でリコーダーの演奏を失敗して笑われてしまった。	緊張して全く演奏できなかった。	事前に家で練習してから臨むようになった。この出来事以来、しっかりと事前準備をすることが習慣化した。
中学校	学校が遠く、毎日片道30分歩かなければならなかった。	教科書の入ったかばんが重く、通学が嫌だった。	通学は大変だったが、徐々に歩くことに慣れた。継続することでできることもあると、自信につながった。
高 校	中学時代にはあまり勉強せずとも良い成績が取れたのに、物理で30点しか取れなかった。どんなに勉強しても成績が上がらなかった	諦めずに勉強して、自分のベストを尽くした。	結果はついてこなかったが、世の中は広く、常に上位でいることの難しさを知った。
大 学	初めて語学留学に参加した。	日本と外国の文化の違いを知った。いつもは接することのない学生たちから刺激を受けた。	将来は海外と関わる仕事に就きたいと思った。そのためには今どうすればいいのか、具体的な段階目標を考えるきっかけになった。

の写真を見せてもらう、昔の同級生と会って話をする、自分の通っていた小学校に行ってみるなど、工夫してみることも有効です。

　また、過去の出来事には「コンクールで優勝した」とか「リレーでアンカーを務めた」といった良い面もありますが、同時に辛いことがある可能性もあります。しかし、そのような自分の忘れたい歴史にもしっかりと向き合うことで、そのときに自分がどのように感じて、それ以降どう変化したかを「見える化」できる可能性があるのです。

例：

出来事：小学校3年生の5月にクラスメートの前でリコー
　　ダーの演奏を失敗し、笑われてしまった。

アクション：緊張して、全く演奏できなかった。

学んだこと：事前に家で練習してから臨むようになった。
　　この出来事以来、しっかりと事前準備をすることが習慣
　　化した。

　ただし、身内の死やいじめなど、思い出すことで精神的なス
トレスを感じるようなこともありますので、心配な方は医師や
カウンセラーの指導やアドバイスを受けるなどして、ここでは
無理をしないようにしてください。

　そして、ある程度題材が集まったら、セルフヒストリーシー
トを作成してみましょう。セルフヒストリーの作成は自分自身
でする作業であり、内省的なところがありますが、セルフヒス
トリーを書き出した後はグループでの作業になります。

2. 第三者から本気のフィードバックをもらう

　自分自身が見る自分像と他者の目から見える自分像は違うこ
とが往々にしてあります。セルフヒストリーを書き出した後に
やっていただきたいのが、第三者から本気のフィードバックを
もらうことです。これは、グループやペアで実施します。自分と
ペアになる第三者は同じ大学のクラスメートやゼミの仲間、サー
クルやバイトの友人などで構いません。

　ペアができたら、まず先ほどのセルフヒストリーシートに記
載されている出来事を読んでもらい、客観的にどう感じるかを
聞きます。そして、相手からもらったフィードバックを書き留

めておきます。すると、自分では気付くことのできなかった長所や特徴が浮かび上がってきます。実は海外留学中や海外インターンシップの中でも同様のことは起こりうるのですが、他者の目を通していったん棚卸しした内容を振り返ることで、新たな自己発見に至ることがしばしばあるのです。

　例えば、海外インターンシップに大学のグループで参加する場合は、事前研修の際にワークショップとして実施してもいいでしょう。以下に、自己分析ワークショップの例を記載しておきます。

英語自己分析ワークショップ例

1日目

・ペア組み

・現時点での自己紹介を相互に実施（日本語でよい）

・事前に作成しておいたセルフヒストリーシートを読んで、お互いにフィードバック

・フィードバックをメモ

・フィードバックや気付きを基にセルフヒストリーシートを再作成。その後、自己紹介

・宿題として、自己紹介を英語化。長さの目安は3分間

2日目

・英語での自己紹介を実施

・英語教員や海外インターンシップ担当者からのフィードバック

・参加者はワークショップ内でのフィードバックを基に、英語での自己紹介を完成

　以上です。自己分析は、面接の根幹となる大切なパートですので、時間をかけてしっかりと実施しておきましょう。

英語面接の最重要ポイント

　英語面接には、「これは絶対押さえておいてほしい」または「これは絶対にしてはいけない」というポイントがあります。次に、そのポイントを挙げていきます。

ポイント1 時間に余裕を持って臨む

　オンラインでの面接では、開始までまだまだ時間があるようでも、直前になってパソコンが動かなくなったり、音声トラブルがあったりと不測の事態が起こり、慌ててしまうことがよくあります。余裕を持って面接に臨むために、以下の事柄を事前にチェックしておきましょう。

チェック	項目	ポイント
✔	時差の確認	アプリやスマホを使用する（サマータイムに注意）
✔	緊急連絡先の確認	万が一の場合に備えておく
✔	インターネット接続	回線速度のテストをしておく
✔	服装	清潔感のある服装を心がける
✔	髪形	寝癖などがないか確認しておく
✔	メイク	ナチュラルメイクを心がける
✔	背景	生活感の強い背景は避ける
✔	音声・ビデオ	事前にテストをしておく
✔	インターフォン	可能であれば音量を小さくしておく
✔	ヘッドセット	接続・充電の確認、音声の確認をしておく
✔	入室	開始5分前にはオンラインで入室して待機する

✖ 絶対にしてはいけないこと

当然ですが、遅刻は厳禁です。万が一、インターネットやパソコンのトラブルなどで参加が遅れそうな場合は、緊急連絡先に連絡しましょう。

ポイント2 はっきりと明確な英語で話す

オンライン面接では、対面に比べて声がこもってしまったり、聞き取りにくかったりする場合があります。男性は特に明るめの声のトーンを意識し、自信を持ってはっきりと話しましょう。

✖ 絶対にしてはいけないこと

英語が得意な人でもスラングを使ったり、カジュアルすぎる表現を使ったりすると、いくら発音が良くてもマイナス評価が下されてしまいます。丁寧な表現をするように心がけましょう。

ポイント3 自己紹介より自己ピッチ！

面接官に "Please tell me about yourself." と言われたら、前述の自己分析を基に自己紹介をしましょう。時間は大体2〜3分間が目安ですが、面接官の質問の仕方やそれまでのやり取りの長さに応じて調整してください。日本の自己紹介と違って、英語面接は「自己ピッチ（自分をプレゼンテーションする場）」であると捉えましょう。

英文履歴書に記載しておいた具体的な職業経験、学部・専攻・スキルを基に、あなたが先方にとって魅力的な人物であることを伝えていくのです。

✖ 絶対にしてはいけないこと

英文履歴書の箇所でも説明したように、趣味や出身地を述べ

て普通の自己紹介をしてしまうことのないように気をつけてください。

ポイント4 日本のことを知っている外国人は少ない

　最近のテレビ番組などメディアの影響かもしれませんが、日本のことを外国の人は高く評価しているだろう、よく知っているだろうという前提で英語面接に臨む人が多いように思います。しかし、実際には日本に住んだことがある一部の外国人や日本のカルチャーが好きな外国人を除いて、大多数はそれほど日本のことを知らないと考えておいてください。

　例えば、東京がオリンピックの開催地に選ばれた際のIOC総会のプレゼンテーション（2013年9月）で、「お・も・て・な・し、おもてなし」と滝川クリステルさんがプレゼンテーションして当時話題になりました。その頃、私はアメリカ側スタッフとしてインターンシップの英語面接を担当していましたが、日本の学生が日本のホスピタリティーについて説明するときに必ずと言っていいほど「O・MO・TE・NA・SHI, OMOTENASHI」という表現を使っていたのを覚えています。しかし、実際はほとんどのアメリカ人はこの表現を知らないため、なんとも間の悪い空気が流れたものです。

　大学名に関しても同様です。日本の有名大学、例えば慶應や早稲田、MARCHや関関同立といった大学は、日本人であればほとんどの人が知っています。日本での面接では一定の効力を発揮するでしょう。しかし、海外の面接官に対しては、ほとんど知られていないという前提で面接に臨むことをお勧めします。「○○の大学生だから優秀だろう」とは一切考えてくれない相手だと認識しておくべきです。多くの面接官は、東京大学だけは唯一聞いたことがあるかな、というレベルです。

✖ 絶対にしてはいけないこと

　ここまで述べたことからお分かりいただけると思いますが、大学名を自己ピッチのクライマックスに持ってくるのは避けましょう。また、サッカーやメジャーリーグ、エンターテインメントなど、日本のメディアが海外でも人気だと伝えているような話題であっても、相手は知らないかもしれないと想定した上で話を進めることをお勧めします。

ポイント5 必ず聞かれることへの回答は完璧に！

　前述の通り、次の質問は必ず聞かれますので、完璧に答えられるように練習しておきましょう。

・Please tell me about yourself.（自己紹介）

・Please tell me why you want to work for this position.（志望動機）

・Do you have any specific skills or experience to contribute our company?（専門スキルや経験についての質問）

・Do you have any questions or concerns?（質疑応答）

　これらの質問へ返答を練習したら、次のことも忘れずに行ってください。

・自己ピッチに対する準備と同様に、第3者からのフィードバックをもらう

・録音して発音やスピード、声のトーン・大きさを確認する

✖ 絶対にしてはいけないこと

　練習の際に話す内容を英文で紙に書いておくことは良いのですが、本番でそれを見ながら回答してはいけません。本人は紙

が画面に映らないようにしているつもりでも、面接官からは何
かを見ながら話していることが視線の動きからすぐに分かって
しまいます。キーワードなどをメモに書いておく程度に留めて
おきましょう。

ポイント6 典型的な質問に備える

　英語面接の際によく聞かれる質問にはパターンがあります。
以下に、典型的な質問を挙げておきますので、ある程度答えら
れるように準備しておきましょう。

Q1. What do you know about our company?（弊社について
知っていることを教えてください）

Q2. Please tell me why we should hire you?（あなたを採用
すべき理由を教えてください）

Q3. Tell me why you chose XX university?（なぜXX大学を
選んだのですか）

Q4. How do you deal with pressure?（プレッシャーにはどの
ように対応しますか）

Q5. What are your strengths?（あなたの長所は何ですか）

Q6. Why did you choose this major?（なぜこの専攻を選んだ
のですか）

Q7. What was the tough moment for you, and how did
you overcome it?（あなたにとって辛かった経験は何ですか。
それをどうやって克服しましたか）

Q8. When can you start work with us?（いつから働くことが
できますか）

Q9. Are you a team-player?（あなたはチームプレーヤーですか）

Q10. Do you have an experience of working as intern?（イ
ンターンとして働いた経験はありますか）

ポイント7 「何か質問はありますか」は最後の腕の見せどころ

　面接の最後に、Do you have any questions or concerns? と聞かれたら、最後のアピールチャンスだと考えてください。この質問に関しては、次のような手順で準備を進めます。

1. 会社のウェブサイト（日本語・英語）で事業内容を熟読し、オフィシャルSNSをフォローする
2. プレスリリースや過去のメディアで話題になったトピックやトレンドをピックアップしておく
3. リサーチした中から質問を最低5つ（できれば7～10）考える
4. その中からこちらの意欲や目的の伝わる質問を2つ選び出しておく
5. 質問には英語で簡潔に伝えられるように練習しておく

　意欲と目的のある質問ができるスキルを身に付けておくことが、世界標準の働き方へとつながります。

✖絶対にしてはいけないこと

　「特に質問はありません」は絶対に言ってはいけません。モチベーションが低いと思われてしまい、そこまで順調に面接が進行していたとしても評価が大幅なマイナスに転じてしまいます。これは面接だけに限らず、プレゼンテーションや会議でも同じことですので、今から常に質問する習慣づけを始めましょう。ただし、時給や残業など、条件面についての質問はしてはいけません。

ポイント8 お礼のEメールは重要

　面接が終了したら、面接官に対して英語でお礼のEメールを出しましょう。日本では感謝を表現する際にお歳暮やお土産・菓子折りなど贈り物を進呈する習慣がありますが、欧米では感謝は言葉で伝えるということが重要なのです。

■ 英文Eメールの書き方

　中には、英語でEメールを出すのが初めてという方もいると思います。ここで、英語のEメールの書き方のポイントについてこれから解説していきます。

英文Eメールのポイント

　①メールアドレス

　履歴書に記載しているアドレスを使用します。

　②デバイス

　スマホから送信することもできますが、全体の構成を確認しやすいパソコンやタブレットで作成し、送信するといいでしょう。

　③フォント

　外国人がよく使っていて、お勧めできるのがTimes New Roman、Calibri、その次にVerdana、Arialなどです。フォントサイズは10ポイントか11ポイントくらいが読みやすいでしょう。それまでに先方から受信しているメールがあれば、先方が使っているものと同じフォントにしてもいいでしょう。

　④件名（Subject）

　空白にならないように注意します。この場合は "Thank you for the interview" で構いません。

⑤**宛名**

「Dear Mr./Ms./Dr. ＋ ラストネーム」がフォーマルな宛名の書き方です。この例では面接官の名前が分かっているために問題ありませんが、名前が分からない場合には次のような表現もあります。

To whom it may concern,

　　担当者名が不明の場合の表現。「ご担当者さま」。

Dear Sir or Madam,

　　担当者が不明な場合の一般的な表現。

⑥**書き出し**

メールの冒頭は大きく2つ、自己紹介「My name is ～」から始めるパターンと感謝の言葉「Thank you for ～」から始めるパターンに分かれます。この例では、相手に面識があるため、感謝の言葉から始めています。

⑦**用件**

ビジネスメールでは、メールした理由を明確に伝えます。

例：I am writing this because ～.（私がこのメールを書いていますのは～）

例：The details you shared about the position and future goals for the marketing team convinced me that ～.（マーケティングチームでの職務と将来の目標について詳細にお話しいただき、～ということを確信しました）

いずれも、面接で興味を持った内容やポジティブな印象を具体的に先方に伝えるようにします。

⑧**締めの挨拶**

I look forward to hearing from you soon.（あなたからのご返信をお待ちしております）

〈お礼のＥメールの例〉

Subject line: Thank you for the interview

Dear Mr. Smith,

Thank you for taking the time to speak with me about the internship position available at ABC Corporation this morning. It was a pleasure to learn more about the role and I am excited about the opportunity to intern with such a well-regarded organization.

As we discussed, I believe that my accounting knowledge and computer skills will enable me to quickly become a productive staff member of the team.
I am enthusiastic about how much I am going to learn at ABC Corporation and can assure you of my commitment and motivation in this regard.

I appreciate the time you took to interview me. I am very interested in working for you and look forward to hearing from you. If I can provide you with any additional information, please let me know.

Thank you for your consideration.

Sincerely,
Satomi

件名：面接のお礼

前略　スミスさま

　今朝は、ABCコーポレーションでのインターンシップ可能なポジションに関してお話しする機会を設けていただきありがとうございました。インターンシップの役割についてさらに学ぶことができたことはうれしく、またこのような評価の高い組織でインターンをさせていただく機会にわくわくしています。

　お話ししましたように、私の会計の知識とコンピューターのスキルがあれば、すぐにチームの生産的な一員になることができると信じております。
　私はABCコーポレーションでどれだけ多くのことを学んでいくのかについて高揚しており、この点で私は必ずや力を尽くし、意欲を持って取り組みます。

　面接のお時間をいただき、ありがとうございました。貴社で働かせていただくことに非常に興味があり、ご連絡をいただけましたら幸いです。何かさらに必要な情報などございましたらお知らせください。

ご検討をいただけますよう、どうぞよろしくお願いいたします。

草々
サトミ

I appreciate your consideration for this position.（今回のポジションについてご検討いただき、ありがとうございます）

⑨結辞

〈ビジネスのやり取りでよく使用される表現〉

Best regards,

Kind regards,

〈フォーマルなやり取りでよく使用される表現〉

Yours sincerely,

Sincerely,

⑩自分の名前

結辞の下に自分の名前を書きます。

✖ 絶対にしてはいけないこと

件名（Subject）がないと、読んでもらえないことが多いので、忘れずに必ず件名を入れましょう。また、日本語のメールでは文ごとに改行することが多いのですが、英文メールでは改行せずに基本的に文をつなげて書き、段落を作ります。

例えば、

Thank you for taking the time to speak with me about the Marketing Manager position this morning.
It was inspiring to have such an insightful conversation 〜 .

とはせずに、

Thank you for taking the time to speak with me about the Marketing Manager position this morning. It was inspiring to have such an insightful conversation 〜 .

とつなげて書いた方がネイティブには読みやすいのです。

　これは面接中でもそうですが、頻繁にsorryを使うのはよくありません。必要以上にへりくだると自信がないと判断されてしまいますので、気をつけましょう。

　スペルミスはマイナス評価につながります。Wordのスペルチェック機能などを使い、確認してから送信しましょう。

ポイント9 英語面接の合否結果は意外と早く届く

　日本の面接とは違い、英語面接の合否の結果は一般的に早く通知される傾向があります。これは日本と海外の企業の組織の違いによるものです。海外では部門の長や面接官が人事の決定権を持つケースが多いため、判断のスピードが速いのです。

　合否の連絡はメールで届くことが多いので、先方からのメールを受信できるようにしておきましょう、また、メールのアカウントをスマホに連携して、常に確認できるようにしておくといいでしょう。

合格の場合

　お礼と「確認しました」ということを英語で返信します（前述の英文メールのポイントを参照してください）。

不合格の場合

　「確認しました」ということに加えて、面接をしてくれたことへの感謝の言葉を書いたメールを返信します。気持ちを切り替えて、次の面接に備えましょう。

✖絶対にしてはいけないこと

　メールを受信したら、必ず返信してください。海外のビジネスではconfirmation（確認する）という作業が重視されますので、

返信がないと合格が取り消されるケースもあり得ます。また、不合格の際にその理由を先方に聞くのはよくありません。先方も忙しいので、相手の仕事を増やす行為は避けましょう。将来、ビジネスでやり取りする可能性もあります。面接してくれたことに感謝を述べて、気持ちを切り替えていきましょう。

　以上、英語面接について解説してきました。初めての英語面接は誰もが緊張する場面ですが、事前に練習しておくことで自信を持って臨むことができます。グローバルな経験を積んでいくためのステップだと考えて、前向きに取り組みましょう。

　最後に、新型コロナウィルス感染症の拡大以降、英語でのオンライン面接が世界で一気に広がりました。海外インターンシップの英語面接でコツをつかんでおくと、その後のキャリアで必ず役に立ちます。将来を見据えた練習をしておいて損はありません。

コラム

日本のインターンシップと
海外のインターンシップの違い

　大学生が参加するインターンシップは、日本のものと海外のものの2種類に大きく分けられます。どちらも就職活動に有利に働くという点では似ていますが、実は2つの内容は大きく異なります。グローバルな就活を考えている学生はどちらに参加すべきなのでしょうか。あるいは、両方に参加すべきなのでしょうか。

　ここでは、アメリカと日本のインターンシップの違いについて、またどちらに参加するべきかについて解説しましょう。

1日のものもある日本のインターンシップ

　まずは、両者の違いから見ていきましょう。最も分かりやすい違いは参加期間です。以前、日本経済団体連合会（経団連）はインターンシップの最低日数要件を「5日以上」としていましたが、2017年に1日から認めると変更しました。それによって、1dayインターンシップが一気に増加したのです。1dayインターンシップの種類は、主に次のようなものがあります。

　・企業見学タイプ
　・会社説明会タイプ
　・ワークショップタイプ

　日本の1dayインターンシップは1日という短い期間ですから、学生には「参加しやすい」「スケジューリングをしやすい」「企業との接点を持ちやすい」などのメリットがあります。一方、企業には「多くの大学生との接点を持つことができる」

「優秀な学生を獲得する足がかりになる」「企業側の負担が少ない」などのメリットがあります。

海外インターンシップの基本は3カ月間

1dayインターンシップは日本だけに見られる形態で、海外インターンシップは3カ月間以上のものが一般的です。例えば、アメリカでの実践型インターンシップを例にすると、インターンシップを始めて最初の90日間は試用期間で、その後、正式採用されるパターンが一般的です。

ただし、日本の学生が海外インターンシップに参加する場合には、大学の学事日程との兼ね合いがあるため、2～6週間が最も多くなります。参加期間は、自分の目的によって決めましょう。なるべくリーズナブルに短く濃くビジネスの経験値を上げたいという人には、2週間の短期のビジネス研修型インターンシップが向いています。こうした短期のビジネス研修型インターンシップは、ファシリテーターの元で海外ビジネスの基礎を体感するような内容のものが多いのが特徴です。また、個人参加というより、チームやグループで取り組む内容が多くなります。

海外ビジネスの現場感を経験したいという人には、4週間くらいの実践型の海外インターンシップが適しています。4週間という短期間で深いレベルの業務に携わることはほぼありませんが、業務の流れを把握し、ベーシックなスキルを学びたいのであれば十分に参加する意味があります。

また、経験やスキルを積みたいという人には、できれば3カ月～1年間くらいの中長期の実践型インターンシップに参加することをお勧めします。ある程度長い期間、海外で働くことにより、同僚との信頼関係を構築できたり、プロジェク

トの担当者に抜擢されたりと、本来のインターンシップの意味合いにより近いリアルな経験を積むことができるのです。

海外での仕事は自分で作り出すもの

　両者の2つ目の大きな違いは、その内容です。日本のインターンシップは1dayインターンシップに象徴されるように、セミナーで企業側が参加者にあらかじめ決められた内容を説明したり、参加者がグループでワークショップをしたりと、研修や説明会に似た側面があります。一方、海外インターンシップの方は、ポジションに配属された後はスーパーバイザーの監督の下、基本的に自ら学び取り組んでいくスタイルです。このことを知らずに現場で就業してしまうと、「誰も仕事のことを教えてくれない」「みんな忙しそうだし、聞きにくい」とどんどんネガティブ思考にはまり、仕事上の悪循環に陥ってしまいます。

　アメリカなどの海外ビジネスの現場では、「仕事は自分で作り出すもの」という考え方があります。日本のように研修が最初にしっかりとあって、その後OJTに移行するというスタイルではなく、いきなり「〜をして」と指示されるのが当たり前だと考えておいてください（日系企業で行われるインターンシップでは、もう少し日本のスタイルに近いこともあります）。

　そこで、大切なことが1つあります。上司から仕事を指示される際、最後に "Any questions?" と聞かれることが多いのですが、そのときにどんどん質問することです。この場面を過ぎてしまうと、少し聞きにくい雰囲気になってしまいます。たとえ質問が浮かばなくても、指示内容を確認したり、自分の言葉に置き換えて理解に落とし込んだりする作業が重要になります。

　次に、言われた作業を進めていくと、さらに質問が出てきたり、今後の方向性に迷ったりすることがあります。その際には、まずは自分で調べられることは調べてみることが大切です。その過程を経てから聞くと、新しい提案（proposal）が出てくることがあります。質問する際に、その提案も出しつつ話を聞くと、相手によりクリエイティブな印象を与えることができるのです。

海外ではインターン生でも会議で意見を求められる

　最後に、社内でのインターン生の立ち位置の違いがあります。日本でのインターンシップでは、インターン生はやはり社内でも「大学生」「採用される側」という暗黙の認識があるように見受けられます。そのため、例えば商談の際にインターン生が意見を出したり、プロジェクト会議で意見を求められたりすることは少ないと思います。

　一方、海外インターンシップでは、インターン生でも能力次第で社外との簡単なメールのやり取りを依頼されたり、電話応対をしたり、ミーティングで発言を求められたりすることもしばしばあります。特にIT系などの企業では、若いことに価値がある（斬新なアイデアを持ち、クリエイティブである）と見られることが多く、インターン生のアイデアや意見に興味が持たれるのです。社会に出る前に、チャレンジングなタスクに挑戦し、経験を積むことができるのが海外インターンシップの魅力なのです。

日本と海外、どちらのインターンシップを選ぶか

　それでは、結局どちらのインターンシップに参加するとよいのでしょうか。私がお勧めしたいのは、日本のインターン

シップと海外インターンシップの両方に参加するというものです。その理由は、日本と海外のビジネスカルチャーの違いを体感することができるからです。どちらのスタイルが良い、悪いではなく、お互いのカルチャーを尊重できることがグローバルに活躍する人材として大切な資質です。

　インターンシップに参加できるのは、学生時代の特権でもあります。インターンシップは将来の自分の適性を見極めたり、スキルを積んだり、経験を積んだりすることのできるまたとない機会ですので、ぜひ前向きに挑戦してください。

第2章

グローバル就活～内定まで

　第 2 章はいよいよ実践編です。この章で、インターンシップに参加するところからグローバル就活で内定を勝ち取るまでを網羅していきます。

　まずはインターンシップへの参加です。日本の大学生は、インターンシップ、特に海外インターンシップはハードルが高いものと思っている人が多いようですが、そのようなことは全くありません。

　ほとんどの日本人は、ベースとなる英語力は中学・高校の間に身に付けているのに、アウトプットすることに慣れていないことが多いのです。アウトプットというのは、第 1 章で話した自己分析、英文履歴書の作成、面接対策などが当てはまります。

　第 1 章で学んだように、しっかりと自己分析をした上で英文履歴書を作成し、英語での面接対策のプロセスを踏んできた皆さんは、自信を持って海外インターンシップに参加してください。「私はこのような人間です」ということを英語で自信を持って伝えられるのであれば、何も臆することはありません。

　ただ、インターンシップの中でも、特に海外インターンシップにはさまざまな種類があり、その種類によって参加方法やそこで得られるものが違ってきます。そして何より、その後のグローバル就職へのつながりやすさが変わってきますので、自分が将来どういう方向に進みたいということを考えた上で、インターンシップに参加しましょう。

　それでは、インターンシップの種類から見ていきたいと思います。

インターンシップの種類

　インターンシップには、グローバル就活樹形図（12 〜 13ペー
ジ）で示したように、海外インターンシップと国内インターンシ
ップがあります。インターンシップは、次の7つのカテゴリー
に分かれます。

　【海外】　［A-1］実践型インターンシップ（外資系企業）
　　　　　　［A-2］実践型インターンシップ（日系企業）
　　　　　　［A-3］国際協力インターンシップ
　　　　　　［A-4］アカデミック型インターンシップ
　　　　　　［A-5］アジア研修型インターンシップ
　　　　　　［A-6］オンライン海外インターンシップ

　【国内】　［A-7］日本国内でのインターンシップ

　それでは、それぞれのインターンシップについて解説してい
きましょう。

海外インターンシップ

［A-1］［A-2］実践型インターンシップ

　海外インターンシップの中でも、最も皆さんのイメージに近
いのは、この実践型インターンシップかもしれません。このタ
イプは、アメリカ式とも言えるインターンシップで、9〜17時
までオフィスで一般社員に交じって働くというものです。実際
に海外の企業で働く環境に近いので、リアリティーのある実践

経験を積むことができます。

　実践型インターンシップは2種類に分けられます。ホストカンパニーが外資系企業のものと日系企業のものです。

　どちらを選べば良いかは、参加者が英語力やグローバル就職のゴールをどこに設定するかによって変わりますので、検討段階から「日系は…」「外資系は…」という決めつけはしないようにしましょう。「第1希望は外資系だけど、自分の希望と相手の希望によって日系でも構わない」というように、ある程度幅広く選択肢を持っておくのがお勧めです。

　参加期間については、外資系企業の場合も日系企業の場合も一般的に長めの設定が多く、最低5〜12週間くらいが中心となります。夏休みや春休みを利用して参加する場合には5〜6週間のものを探すといいでしょう。社会人の場合、3カ月〜1年間と中長期が一般的です。費用については、実践型インターンシップの場合、インターンシップ先がアメリカなどの先進国に多くある関係で、滞在費用や生活費、航空運賃などが高く、予算が高めです。

　実践型インターンシップでは、実社会で自分の力がどれくら

実践型インターンシップ──外資系企業と日系企業の違い

	必要とされる英語力	英語使用頻度	得られるもの	グローバル就職
外資系企業	中上級以上	80〜100%	・海外のビジネスカルチャーが学べる	・外資系企業日本法人 ・海外の現地企業 ・海外の日系企業
日系企業	初級以上	0〜60%	・海外の日本人ネットワークが得られる ・日系企業の現場の課題把握	・グローバル展開する日本企業 ・海外の日系企業

い通用するのか、実力を試すことができます。また、自分の適性や今後の方向性についても見極めることができるというメリットがあります。

　一方、デメリットがあるとすれば、外資系企業の場合はやはりある程度の英語力が要求されること、ホストカンパニーは自分の要望と相手の要望のすり合わせ（マッチング）で決まるので、必ずしも自分の行きたい企業に行けないかもしれないということがあります。

マッチングとは？

　インターンシップで言うところのマッチングとは、参加者とホストカンパニーとのすり合わせという意味で、多くは参加者の大学での学部・専攻や英語力、希望を加味して海外インターンシップ事業者が行います。序章の「専門性」のところで説明しましたが、海外の企業はその人の専門性（分野）によって採用を決定するため、参加者の所属する学部と専攻が何よりも大事なのです。マッチングは、第1章で述べた英文履歴書を基に行われます。実際にはホストカンパニーが面接してくれるかどうかを決める1次審査が英文履歴書の審査であり、「この人に面接して、深く話を聞いてみたい」と思わせることが必要なのです。

　英文履歴書の審査を通過すると、次の段階として、ホストカンパニーとのオンライン英語面接が設定されます。そこで合格すれば、正式にインターンとしての採用が決定されます。

参加までの流れ

1. 海外インターンシップ事業者に参加申し込み
2. 参加者の英語力（主に会話力）の確認
3. 英文履歴書の作成

4. ホストカンパニーとのマッチング

5. オンラインでの英語面接

6. ホストカンパニー決定

7. ビザ、航空券の手配

8. 滞在先の手配

9. 渡航前準備

10. 渡航

必要な英語力

外資系企業：中上級以上

日系企業：初級以上（英会話ができるレベル）

事業者やプログラムによっても求められる英語力は違いますが、TOEICテストなどの英語試験のスコア提出が求められる場合と、会話力が確認される場合とがあります。英語力の条件をクリアすることはもちろん大切ですが、それ以上にホストカンパニーとの面接で合格を勝ち取ることがポイントになります。また、通常の海外研修プログラムとは違い、自己管理が必要になりますので、モチベーションが高いことや心身共に健康であることなどが条件に課されることもあります。

それでは、実践型インターンシップの1日の流れを見てみましょう。ここでは、大学生が参加するアメリカ西海岸の都市でのビジネスインターンシップを想定した1例を紹介します。

1日の流れ

6時　起床

7時　朝食

8時　バスで通勤、途中でコーヒーを買う

9時　始業、メールチェック

10時　ミーティング

11時　電話応対

12時　オフィス近くの中華料理店で簡単な昼食

13時　明日のクライアント訪問の打ち合わせ、その後パワー
　　　ポイントで資料作成

16時　会社のブログ作成、会社のSNSをアップ

17時　スーパーバイザーに今日の報告をし、退社

18時　同僚においしいタイ料理の店に連れて行ってもらう

20時　帰宅

　この流れを見ると、1時間おきにタスクが決まっているような印象を抱いてしまうかもしれませんが、実践型インターンシップではミーティングや訪問のアポイントメント以外は時間の使い方が決まっていない場合が多く、タイムマネジメントは自己管理に任されるケースもあります。特に外資系企業はその傾向が強いのです。通勤途中にオフィス近くのカフェでテイクアウトのコーヒーを買い、皆さんがかつてドラマや映画で見たような、パーテーションで仕切られたオフィスで実際に仕事をすると、それだけで海外のビジネスシーンに身を置いているという実感が持てます。

　実践型インターンシップの就業時間ですが、一般的に週あたり40〜48時間くらいが多く、残業はほとんどありません。指示された仕事だけでなく、自分がいかにホストカンパニーに貢献できるかという意識で仕事に取り組むとよいでしょう。

　実践型の仕事内容には、例えば次のようなものがあります。

仕事内容

- ・データ入力
- ・マーケティングリサーチ
- ・SNSのコンテンツ作成
- ・ブログの作成
- ・営業への同行
- ・ミーティングへの参加
- ・書類作成
- ・電話応対
- ・メール対応

　実践型インターンシップでは、社員と机を並べて仕事をするのが特徴です。仕事内容は job description（職務記述書）にあらかじめ明記されている場合が多く、スーパーバイザーとの話し合いで詳細が決定します。英文履歴書に記載している自分のスキルを生かすことはもちろん、初めて経験するタスクにも積極的にチャレンジしましょう。

　海外では日本ほど職位にこだわらないこともあり、社外の人からすれば、誰が社員で誰がインターン生かという見分けがつきにくいという面があります。お互いをファーストネームで呼び合う習慣もあって、カジュアルな雰囲気の中で仕事をしているように最初は感じるのですが、内情を知っていくとそこには常に激しい競争があることが分かるのです。

実践型インターンシップが向いている人

　最後に、実践型のインターンシップが向いているのは次のような人です。

- ・卒業後、海外で働いてみたい人

・日本のグローバル企業で働いてみたい人
・ビジネス系の学部・専攻の学生
・海外留学の経験がある人
・英語力に自信がある人
・欧米のビジネスに関心がある人
・なるべく長い期間インターンシップに参加してみたい人
・就職のために実践的なインターンシップを経験してみたい人

　先ほども述べたように、実践型のインターンシップは社会人になる前にリアルな就業経験ができることが魅力です。英語力に自信がないという方には、日系企業でのインターンシップという選択肢もあります。皆さん、自分の英語力や将来の目標に合ったスタイルの実践型インターンシップに挑戦してください。

体験談

未経験の環境に飛び込むことを恐れなくなった

K. I. さん（男性。参加時は大学生）

内容：米国市場参入コンサルティング企業のマーケティングインターン
国：アメリカ（ニューヨーク）
期間：語学留学5週間＋インターンシップ8週間
卒業後のキャリア：大手総合商社勤務

参加動機：
　僕は留学に対してはそれほど積極的ではありませんでした。他の方のように「めちゃくちゃ行きたい！」と思って参加したわけで

はなく、どちらかというと「大学のゼミの友人も周りの人たちも行くから自分も行こうかな」といった消極的な参加でした。

仕事内容：

　僕のインターンシップ先の企業は化粧品などのサステナブルな商品を取り扱っていて、美容室やネイルサロンも併設し、基本的には会員制で顧客を抱えています。

　最初の1週間くらいでざっと仕事を覚え、その後、日本とアメリカの商品を集めて展示販売するプロジェクトの誘致をサポートしました。各企業にメールを送って営業したり、アメリカのフリーペーパーの企業にプロジェクトを2回取り上げてもらうように交渉したりしました。また、企業のあるエリアの説明資料も作成しました。

　インターン開始から2週間後には会員を増やすために、会員制度の特典として、ぬか漬けを代理で作るという、スタートアッププロジェクトを自分で立ち上げました。ぬか漬け作りでは温度管理や混ぜる作業が面倒です。そこで、会員制度のオプションに、会員に野菜だけ持ってきてもらい、その後はこちらで一括管理してぬか漬けを作るサービスを加えたら、会員が増えるかもしれないと思ったのです。インターン先にプロの料理人がいたので、その方に温度管理などを指導してもらいました。

　今、ニューヨークでは屋上菜園がはやっていますが、インターン先の企業は、自社が入っているビルの屋上で野菜を育て、その野菜をぬか漬けにするサービスも今後始める予定です。とてもサステナブルな活動ができるのではないかと思います。

インターンシップに参加して得たもの：

　未経験の環境に飛び込むことを恐れなくなりました。海外は日本と文化や言葉が違いますし、自分が今まで育ってきた環境とまったく異なります。ましてやコロナ禍で、本当に参加できるのかどうかも分からない状況でしたが、無理やりにでも行ってしまえ

ば、何とか生きていけますし、いろいろな挑戦ができます。今後も行けるか行けないか分からないような不安な状況があっても、思い切って飛び込める自信がついたと思います。

　就職活動ではインターンシップの経験を主にアピールしました。具体的には、イベント開催に向けて現地スタッフとともに日米の企業誘致活動に奔走したことを話しました。目標とする数の企業がなかなか集まらなかった苦労や、そこにアプローチするための工夫、インターンシップを終えて得たものなどを話し、第1希望の総合商社から無事に内定をもらうことができました。

（協力：SKYUS）

ここがポイント！

　K.I.さんのホストカンパニーは、日本の伝統工芸品を文化の架け橋として、米国へ、そして世界へ発信することをミッションとしている企業です。日本人としての強みを生かせることは、海外で働く上で大切な要素です。

　インターンシップ中の苦労や壁にぶち当たったエピソードが、グローバル就活の面接の際に企業に響くのです。Kさんのように、壁に当たった後の具体的な工夫や対策、どのようにして乗り越えたかの体験がアピールにつながります。

［A-3］国際協力インターンシップ

　海外での実践型インターンシップとしてビジネスを学ぶもの
を紹介しましたが、ビジネス以外のカテゴリーに「国際協力イ
ンターンシップ」があります。これは将来、国連などの国際機関
で働いてみたい方や、国際協力に関心のある方に向いているイ
ンターンシップです。国際機関では、学生時代にどのような国
際的な経験をしてきたかが問われます。これまでも多くの大学
生が国際協力インターンシップに参加してきました。最も代表
的なものが、JICA（Japan International Cooperation Agency：独
立行政法人国際協力機構）が行う JICA ボランティア派遣事業、特
に「青年海外協力隊」でしょう。

　JICA のホームページによると、JICA ボランティア派遣事業
は「国際協力の志を持った方々を開発途上国に派遣し、現地の
人々とともに生活し、異なる文化・習慣に溶け込みながら、草の
根レベルで途上国が抱える課題の解決に貢献する事業です。開
発途上国からの要請（ニーズ）に基づき、それに見合った技術・知
識・経験を持ち、「開発途上国の人々のために生かしたい」と望
む方を募集し、選考、訓練を経て派遣します」とあります（JICA
ホームページより）。派遣先は主に開発途上国が多く、インターン
シップではなくボランティア活動という表現が使用されていま
す。

　JICA では、2019 年度よりボランティア事業を改編し、それ
までの年齢による分類を見直しました。現在では、年齢にかか
わらず、案件の難易度に応じて「青年海外協力隊」と「シニア海
外協力隊」に分けて派遣しています。現在、大学生・大学院生の
方であれば、応募時に 20 歳以上で、途上国支援を志す有意の方
が対象の「青年海外協力隊」に参加することになるでしょう。

国際協力インターンシップは、JICA 以外にもさまざまな事業者がプログラムを運営しています。海外の国際協力団体が管理運営しているケースも多く、参加期間や難易度もさまざまで、派遣先も開発途上国を中心にアフリカ、アジア、南米など多種にわたります。プロジェクトの内容は、現場のニーズによって決定されることが基本です。以下にその例を挙げていきましょう。

プロジェクト例
・山岳民族支援
・地域の学校づくり
・垷地の学校で授業支援
・ストリートチルドレンへの情操教育支援
・エコツーリズムや自然保護活動への参加
・地域医療支援
・高齢者支援
・人身売買を防止する活動支援
・動物保護施設での活動支援

国際協力インターンシップがビジネス系インターンシップと最も違うのは、ビジネスアワーで動かないということです。前述の実践型インターンシップの1日の流れの中で「10時　ミーティング」とありましたが、国際協力の場合は現場のニーズによってタスクが変動します。大きなプロジェクト目標があり、それを実現化するために日々取り組むのですが、あらかじめ分刻みで予定したスケジュールをこなすのではなく、現場での出来事に日々対応しつつ進めていきます。現地では時間に対する考え方が全く異なりますので、毎日電車が時間通りに来る日本

101

の生活に慣れていると戸惑う人が多いのですが、その分、自分の経験値を上げることができるのです。例えば、タイ・北部チェンライでの山岳民族プロジェクトに参加した場合の 1 日の流れを見てみましょう。

1 日の流れ

6 時　鶏の声と共に起床

6 時 30 分　身支度

7 時　タイ人スタッフと共に朝食の準備

8 時　朝食

9 時　タイ人スタッフと共に今日の活動の打ち合わせ

9 時 30 分　タイ人スタッフと共に小中学校での活動の準備

11 時 30 分　洗濯などの自由時間

12 時　昼食

13 時　タイ人スタッフと共に小中学校での異文化理解と多文化共生のための活動

15 時　タイ人スタッフと共に振り返り

15 時 30 分　片付け、掃除など

16 時　近隣の市場や寺への散歩など自由時間

17 時　タイ人スタッフと共に夕食の準備

18 時　夕食

19 時　タイ語レッスンや山岳民族とタイ社会を学ぶ講義の受講

20 時　シャワー、勉強などの自由時間

22 時 30 分　消灯

※ここに示した時間はあくまでもイメージです。

（協力：Sharing Eco Tour & Homestay）

「国際協力インターンシップ」と「海外ボランティア」はほぼ

同義で使用されることが多いのが現状です。ただし、「海外ボランティア」は基本的に無給の社会奉仕活動を指すのに対し、「国際協力インターンシップ」は国際NPOやNGOのプロジェクトに関わりながら、国際機関での実務経験を積むものです。キャリアアップを目的として参加するのが、国際協力インターンシップの特徴となります。長期の海外ボランティアに関しては、国際機関への就職につながる事例も多数あります。

必要な英語力

　中上級以上

　国際協力インターンシップに参加するための条件は、実践型インターンシップと似ています。事業者やプログラムによって違いますが、TOEICテストなどの英語試験のスコアを求められる場合と、英会話力を確認される場合があります。派遣先は開発途上国が多いため、心身ともに健康であることやモチベーションが高いことも重要な要素となります。

国際協力インターンシップと海外ボランティアの違い

	必要とされる英語力	英語使用頻度	得られるもの	グローバル就職
国際協力インターンシップ	中上級以上	50〜100%	・国際NPOやNGOでの実務経験を積むことができる	・国際機関 ・外資系企業日本法人 ・海外の現地企業 ・海外の日系企業
海外ボランティア	初級以上	0〜100%	・無給の社会奉仕活動による国際貢献ができる	・グローバル展開する日本企業 ・海外の日系企業 ・国際機関（長期の場合）

参加までの流れ

　国際協力インターンシップも多くの場合、実践型インターンシップと同様の流れです。

1. 事業者、団体に参加申し込み
2. 参加者の英語力 (主に会話力) の確認
3. 英文履歴書の作成
4. 受け入れ団体のマッチング
5. オンラインでの英語面接 (プログラムによって免除の場合もあり)
6. 受け入れ団体の決定
7. ビザ、航空券の手配
8. 滞在先の手配
9. 渡航前準備 (オリエンテーション)
10. 渡航

　国際協力インターンシップは、海外インターンシップの中でも念入りに渡航前準備を行う必要があります。渡航前準備の主な内容としては、

- ・持ち物準備：渡航先の受け入れ団体に持ち物リスト確認 (例：虫除けスプレー、アウトドア用の靴、帽子、雨具、南京錠、タオル、リュックサック、クロックスまたはサンダル、水筒、寝袋など)
- ・空港送迎、滞在先、初日の流れなどの確認
- ・ワクチン接種が必要な場合は事前にスケジュール作成
- ・海外旅行保険の確認
- ・パスポートの有効期間、ビザの最終確認
- ・現地でのプロジェクトの確認

などがあります。

　国際協力インターンシップでは、渡航前のオリエンテーショ

ンが重要な役割を持っています。宗教上の注意事項や現地での服装、安全管理上気をつけるべきポイントなど、一つ一つが絶対に無視できない内容です。先進国とは異なる現地の流儀を事前に学んでから、参加しましょう。

国際協力インターンシップが向いている人

　国際協力インターンシップは次のような人に向いています。

・将来、国際機関で働きたい人
・社会貢献活動に従事したい人
・社会起業家を目指す人
・ビジネス以外の経験をしたい人
・自分の可能性を探りたい人
・ニュース番組やインターネットを見て海外の社会問題に興味をもった人
・人とは違う経験をしたい人
・武者修行をして自分自身の殻を破りたい人

　ビジネスと国際協力のどちらをも経験すると将来の視座が広がりますので、大学生には特にお勧めです。ビジネス志向の強い方でも、社会人になる前に海外での国際協力活動や社会貢献の経験を積んでおくことで、より social development（社会開発）への知見が増したり、国際的なネットワークが広がったり、人間的なタフさが増したりします。ぜひ、一歩踏み出して国際協力インターンシップを経験することをお勧めします。

インターンシップの経験をきっかけに、NPO法人に就職

R.M.さん（女性。参加時は大学3年生）

内容：ケープタウンの学習支援センターで学習支援ボランティア
国：南アフリカ共和国（ケープタウン）、ケニア
期間：1年（2013年8月〜2014年8月）
卒業後のキャリア：2016年に大学を卒業。都内の小学校で臨時任用教員となり、学習支援員として数カ月間パート勤務。国際関係、英語に関わる仕事がしたいと思いNPO法人ICYEジャパンに就職、2023年1月現在7年目で事務局長を務めている。

参加前の海外経験：

　大学生になり、20歳で初めてパッケージ旅行でインドに行きました。その他、長期休みにタイ、カンボジアなど、アジアを中心にそれぞれ10日程度の旅行をしました。旅行中は、生活、経済、文化、価値観といった全ての面で、アジアの途上国と日本との間にある大きなギャップを目の当たりにし、世界のリアリティーに衝撃を受けました。そこで、傍観者にしかなれない自分に葛藤し、もっと深く世界を知り、そこに住む人たちを知りたいと思い、インターンシップに参加しました。

仕事内容：

　午前中は語学学校に通い、午後はバスでボランティア先に通いました。ボランティアは学習支援センターでの活動でした。学習支援センターとは、近くの小学校に通う学習支援が必要な子どもたちが集まる場所です。

　南アフリカには11の公用語があり、皆英語を話しますが、他のアフリカの国々からの移民も多く暮らしています。英語の授業についていくことが難しい子どもたちや、さまざまな事情があって

家庭で十分な学習が行えない子どもたち（私が担当した子の1人は父親と兄が刑務所の出入りを繰り返していました）、その他にもさまざまな理由から学習支援が必要な子どもがこのセンターに通っていました。私が出会っただけでも50名以上の子どもがいましたが、白人の子どもは2名だけでした。

13時頃、センター長さんと他のボランティアさんたちと一緒に、学校が終わった子どもたちを出迎えます。その後、その日に担当する子どもたちをアサインされます。前日の担当者の申し送りを読んで、当日の学習計画を立てます。

1つのテーブルにボランティアが1名、子どもが2名で、宿題やセンターにある教材を使い、英語の読み書きを学習しました。2グループ終わると、絵本の読み聞かせをします。私も英語を習いたてだったので、子どもたちと一緒に学んだ感じでした。16時頃には子どもたちは全員帰宅しますので、その後は掃除や絵本など備品の修理をしました。破れている本を、何度も何度も直して使いました。

ボランティアの学習支援員は、私以外は白人の中年女性が多く、センター長はアフリカ系の方でした。黒くて、緩やかなウェーブがかかったアジア人の私の髪の毛を子どもたちはよく触りたがり、珍しがり、うらやましがりました。アフリカ、欧州が経験してきた人種にまつわる歴史を、このダイナミクスの中でも感じました。

保護者や先生たちの会や視力が弱い子たちに眼鏡を提供する会など、月ごとにあるいろいろなイベントの手伝いやお楽しみ会の企画をしました。日本の漫画（『ドラゴンボール』や『ポケットモンスター』など）を知っている子が多かったので、その絵を描いたり、体を動かすゲームをしたりしました。

学習支援センターがお休みの日には、ホームレスのシェルターでボランティアをしました。お茶を飲みながら話し相手になったり、体がうまく動かせない人たちのリハビリのお手伝いをしたりしました。

インターンシップに参加して得たもの:

　相手を人として尊重することを学びました。最初は「黒人」「白人」「インド系」「アジア系」など、自分の中でも肌の色に関する情報が先行していました。けれども、多様な人種が集まり、歴史的にさまざまな文化が交じりあってきた南アフリカという場所で1年間過ごす中で、国籍、人種、宗教、性別、性的指向といった事柄で人を見るのではなく、その人自身を見ることができるようになりました（南アフリカでは同性婚が認められているので、友だちにゲイやレズビアンもいました）。

　次に、自分で物事を切り開く力が身に付きました。インターン先での活動も特に指示が与えられるわけではなく、自分でできることをやる形でした。自分で学べることは全て吸収しようと、誘われることがあれば全て参加しました。私は大学が提携している語学学校に留学したのではなく、個人留学で語学学校も住む家もインターン活動先も全部自分で手配しないといけない状況でした。そのこと自体が、私に適応力を身に付けさせたと思います。チャンスをくれた両親に感謝しています。

（協力：NPO法人 ICYE ジャパン）

ここがポイント！

　国際団体で働くために必要な途上国での経験や多様性を尊重する考え方、タフさが1年間の国際協力インターンシップでの経験を軸に形成されています。自分が留学や活動の手配も行う後ろで見守ってくれた保護者の存在も大きいと思います。机上で学ぶのが困難なことを自分の経験として手に入れることができるのが、このインターンシップの大きなメリット。発展途上国での活動では、正解のない問題に遭遇することも多く、VUCA時代に求められる問題解決能力を鍛えることのできる貴重な機会となるでしょう。

[A-4] アカデミック型インターンシップ

　海外インターンシップには、海外の大学で講義を受けながら、インターンシップを経験できる「アカデミック型」のインターンシップもあります。留学しようか、海外インターンシップに参加しようか、迷っている方に最適なインターンシップです。

　アカデミック型インターンシップには、大きく分けて、日本の大学が海外の協定校と共同でプログラムを組んで実施するものと、留学事業者がいくつかの海外の大学とその付近でのインターンシップを組み合わせて実施するものの2種類があります。参加期間は中期（3〜6カ月間）から長期（9カ月〜1年間）のものが多く、例えば9カ月間のインターンシップの場合、次のようなスケジュールが一般的です。

　　1学期：大学のビジネス講義もしくはビジネス英語の授業
　　2学期：大学のビジネス講義およびインターンシップ準備
　　3学期：現地企業でのインターンシップ（無給）

　留学（大学での講義）とインターンシップの両方を経験できるため、コストパフォーマンスの良いバランスの取れたタイプと言えるでしょう。日本の大学が実施している場合は、同じ大学でプログラムに参加した先輩から事前に体験談を聞くこともできますし、大学の国際センターが運営していることから、危機管理などの面でも安心感があります。

　渡航先の国は主にアメリカ、イギリス、カナダ、オーストラリア、ニュージーランドなどの英語圏が一般的で、最近ではマレーシアなどのアジアの国もコストパフォーマンスの高さから人気です。

参加までの流れ

　アカデミック型インターンシップに参加する流れは、おおよそ以下のようになります。

〈渡航前〉
1. プログラム説明会に参加
2. 大学の国際センターもしくは事業者に参加申し込み
3. ビザ、航空券の手配
4. 滞在先の手配
5. 渡航前準備
6. 渡航

〈渡航後〉
1. 英文履歴書の作成
2. マッチング
3. 英語面接
4. ホストカンパニーの決定
5. インターンシップ開始

　今までの実践型インターンシップなどと異なるのは、現地で英文履歴書作成や英語面接などのインターンシップ準備を行う場合が多いことです。大学の講義でインターンシップの準備に関する学びがあることもあります。

必要な英語力

　大学・プログラムによって異なる

　アカデミック型インターンシップに参加するには、大学の協定校への交換留学と同様に、IELTS、TOEFL テスト、TOEIC

テストなどといった英語力測定テストのスコアが必要になります。これは、受け入れ大学の講義を受けるのに必要な英語力の証明と、インターンシップに参加するための英語力の証明という両方の意味があります。必要なスコアは留学先の大学によって異なりますが、IELTSで5.5 〜 6.5、TOEFL iBTで70 〜 80点程度が目安となります。

アカデミック型インターンシップの内容

大学での授業には、学部の授業とビジネス英語を学習するものがあります。カリキュラムは、プログラムによって決まっているケースもあれば、参加者の英語力によって決まるケースもあります。

学部の授業は、グローバルビジネスやマーケティングの基礎、コミュニケーションやプレゼンテーションなどのビジネススキルなど、大学が提供する講義です。2学期あたりにインターンシップに向けたトレーニングが始まることが多く、期間中にゲストスピーカーによるグローバルビジネスの話が聞けることもあります。

仕事内容

インターンシップの仕事内容は、渡航先や大学によって変わりますが、実践型インターンシップの内容に近いものとなります。

・データ入力
・マーケティングリサーチ
・SNSのコンテンツ作成
・ブログの作成
・営業への同行

　　・ミーティングへの参加
　　・書類作成
　　・電話応対
　　・メール対応

　アカデミック型のインターンシップでは、現地の大学でビジネスの基本を学んでからインターンシップに参加することになりますので、余裕を持ってタスクに臨むことができるでしょう。

アカデミック型インターンシップが向いている人
　アカデミック型インターンシップは次のような人に向いています。
　　・留学と海外インターンシップをどちらも経験したい人
　　・なるべく長期間滞在したい人
　　・海外ビジネスを基礎から学びたい人
　　・大学のプログラムの下で海外インターンシップに参加したい人
　　・親などに留学を勧められている人
　　・一定レベルの英語スコアをすでに持っている人
　　・単位が認定されるプログラムに参加したい人

　アカデミック型のプログラムのデメリットは、実施している日本の大学があまり多くないことです。実施している場合、留学先の国や大学、講義内容、参加期間などが自分の希望に合っているかどうかがポイントとなります。最近では留学事業者が実施しているアカデミック型プログラムも豊富になってきていますので、比較検討してみることをお勧めします。

現地企業でマーケティングの全体会議にも参加

D.G.さん（男性。参加時は大学院1年生）

国：アメリカ（ニューヨーク）
期間：2018年11月〜 2019年5月
卒業後のキャリア：フィンテック企業でソフトウェアエンジニアとして
勤務（3年目）

参加前の海外経験：

中学2年生のときに、オーストラリア・ケアンズで2週間の短期留学をしました。

仕事内容：

ニューヨークを拠点とする暗号資産取引所で、Digital Marketing Coordinatorという役職でマーケティングの仕事をしました。会社は30人ほどのベンチャー企業で、個人投資家にBitcoinやEtherなどの暗号資産取引を行うための取引プラットフォームを提供していました。

インターンシップが始まる前に、IBPという留学プログラムを利用して、シアトルにあるワシントン大学でグローバル・マーケティングを学びました。現地に到着してまず驚愕したのは、最新のテクノロジーに関して、アメリカが日本より二歩も三歩も先を行っていることでした。特に当時から話題になっていたブロックチェーン技術は、さまざまなスタートアップ企業が開発に取り組んでおり、現地のmeetupなどでもそれを目の当たりにしました。大学のプログラムを修了するとアメリカの就労ビザが発行されるので、これはこの領域にチャレンジするチャンスだと思い、インターンシップに応募しました。選考では、実際に応募先企業のマーケティング施策を考えるという問題が出され、プログラムで学

んだことを総動員させて提案書を作り、プレゼンテーションをしたことを覚えています。

　私の仕事は、彼らのサービスの日本展開をサポートすることでした。少数精鋭のベンチャー企業なので、日本市場を手がけるのは基本的に私一人でした。日本市場の調査から始まり、ペルソナ（典型的なユーザー像）の選定、カスタマージャーニー（顧客が商品を購入し、利用するまでの道のり）の考案を行い、それを CMO（最高マーケティング責任者）にプレゼンし、自ら予算を獲得し、実行するまでを全て 1 人で行わなければなりませんでした。獲得ユーザーに対する目標も当然あり、それを満たすための仮説検証の繰り返しでした。最初は手探りでしたが、さまざまな施策を試すうちに「これをやればうまくいく」ということが徐々に分かってきて、あるインフルエンサーマーケティング（主に SNS で大きな影響力を持つインフルエンサーにブランドの製品やサービスを紹介してもらうこと）を行った際は、大量の新規ユーザーを獲得することができました。

　こうした働きが認められ、途中からはマーケティング全体の会議でも意見を求められるようになりました。さらに、コミュニティーマネジメント施策を行った際には、私はアフリカ市場を任され、現地のコミュニティーマネジャーと連携しながらサービスのローカライズを進めました。

インターンシップに参加して得たもの：
　こうした経験から、「社内での英語でのコミュニケーション力」「英語での提案力」「ミーティングでの発言力」「言われなくてもやる実行力」が身に付いたと考えています。社内では日本人が 1 人だったこともあり、社内チャットも会議も全て英語でした。日常会話もさることながら、ビジネス英語や金融・ブロックチェーン関連の英語に強くなりました。

　また、ビジネスをする上で「自分がどのような価値を出せるのか」を考え続けることの大切さがマインドセットとして身に付きました。私がいた半年強の期間に、3 人の同僚が会社を去りました。

会社にとって価値がないと思われたらクビになる、という不安定
な環境下で、「自分の与えられる価値」を常に考え続け、自分のポ
ジションを獲得していくという姿勢は、現在の仕事を進める上で
もとても役立っています。

（協力：株式会社ICCコンサルタンツ）

ここがポイント！

　アカデミック型インターンシップの特徴は、大学での学び
とインターンシップでの実践をバランス良く経験できること
です。インターンシップでも役職を与えられ、そこで良いパ
フォーマンスをしたため、全体の会議でも発言が求められる
ようになったのは、アメリカでのインターンシップならでは
の経験と言えます。

［A-5］アジア研修型インターンシップ

　ビジネス系の海外インターンシップには、実践型以外にアジア研修型インターンシップがあります。研修型とはその名の通り、ビジネス研修を含むインターンシップです。近年、シンガポールやベトナム、マレーシアなどアジアで行う研修型インターンシップへの人気が高まっています。人気の理由として、以下の3つが考えられます。

1. 費用の安さ

　海外インターンシップに参加するには、プログラム費用に加えて滞在費用や生活費、航空運賃などがかかりますが、アジアではそのどれもが欧米に比べると安いため、大学生の予算と合いやすいと考えられます。

2. 英語力のハードルの低さ

　残念ながら、多くの日本人の英語力は世界と比較すると低いのが現実です。ある教育機関の調査では、英語を母語としない112カ国のうち日本は80位、5段階中4番目の「低い能力レベル」に位置しています（EFエデュケーション・ファースト、2022年調査より）。ベトナムを中心としたアジア研修型インターンシップのホストカンパニーは日系企業がメインのため、英語力が比較的低くても参加できます。

3. 内容の豊富さ

　課題を解決したり、ゼロからビジネスを立ち上げたりと、その内容の豊富さも魅力です。また、アメリカなど欧米の実践型インターンシップに比べて、アジアにはチームでプロジェクトに取り組むプログラムが多いのが特徴です。グローバル化が進み、オンラインプラットフォームでチームプロジェクトを進めるなど、仕事の進め方も変化している中で、チー

ムビルディングを体験できるのも魅力の一つです。

アジア研修型インターシップの形はさまざま

アジア研修型インターンシップにはさまざまなタイプがあります。例えば、現地でビジネスの起業や新商品の開発を経験するものもあれば、現地で企業を訪問し、日本企業の海外展開の現状を学べるものもあります。「研修＋実践」というバランスの取れたプログラムもあり、研修ではビジネスの基礎的な知識、例えばPDCAサイクル（Plan→ Do→ Check→ Actの4段階を繰り返して業務を継続的に改善する方法）や損益分岐点、マーケティングの基礎や営業などを学ぶ機会にもなります。実践という意味では、数名の学生が1つのチームとなって、企業などから与えられたミッションに取り組み、その結果を検証し、プレゼンテーションをすることもあり、短期間でも問題解決のプロセスを一通り経験できるのが特徴です。

最近では、アジア研修型のトレンドの一つとして、PBL（project based learning）型の研修が増えてきています。これは、「課題解決型学習」、「プロジェクト型学習」とも呼ばれるもので、現地企業や組織、地域などの課題に対して、学生がチームで取り組み、最後に相手に英語でプレゼンテーションするといった内容が基本です。オンラインとの相性も良いため、事前・事後のオンライン学習と連動して、ハイブリッドで実施されるケースも出てきており、さらなる進化が期待できます。

アジア研修型インターンシップには特徴的なラインナップがそろっていますので、自分の目的に合わせてプログラムを選択されることをお勧めします。近年では、大学がキャリアセンターや国際センターで研修型インターンシップに単位を認定したり、参加費用を補助したりと、積極的に取り組むケースも増え

てきています。

　アジア研修型インターンシップへの参加プロセスはとても簡
単です。英語力の確認も英文履歴書の作成も英語面接もないか
らです。多くの場合、滞在先も事業者が手配してくれますので、
パスポートと航空券のみ自分で手配するケースが大半です。

参加までの流れ

1. 海外インターンシップ事業者に参加申し込み
2. ビザ、航空券の手配
3. 滞在先の手配
4. 渡航前準備
5. 渡航

必要な英語力

　初級以上

　アジア研修型インターンシップへの参加については、実践型
インターンシップのような厳しい参加条件を設けていないケー
スが多く見られます。仮に英語力が求められても TOEIC テス
ト 450 点くらいから受け入れる場合が多いようです。参加にあ
たっては、どちらかというと英語力よりもモチベーションやコ
ミュニケーション力の高さが重要になります。

アジア研修型の海外インターンシップが向いている人

　アジア研修型インターンシップが合っているのは次のような
人です。

・大学 1、2 年生
・これからビジネスを勉強したい人

・英語力に自信はないが、海外インターンシップに挑戦したい人
・アジアなど新興国のビジネスに関心がある人
・夏休み・春休みなど、参加期間が限られる人
・短期集中型で自分の壁を越えたい人
・費用をなるべく抑えたい人

アジア研修型インターンシップはある意味、海外インターンシップの入門編と言えるでしょう。

体験談

グローバルな世界でもやっていける自信がついた

K.F. さん（男性。参加時は大学生）

国：ベトナム（ホイアン）
期間：2015年8月、2016年2月、2017年1月
卒業後のキャリア：日本たばこ産業株式会社勤務

参加前の海外経験：

　大学入学前に、シンガポールとドイツに2回家族旅行をしたことがあります。大学時代には1カ月間の短期語学留学、2週間の海外インターンシップ、旅行などで27カ国を訪れました。また、インターンシップ後、アメリカのポートランドに2017年9月から2018年6月まで留学しました。

インターンシップの内容：

　私は関西にある公立の小中高に通いましたが、「グローバル」「ビジネス」という2つのキーワードに漠然とした関心があり、関東の

大学の国際系学部へ進学しました。入学して、学生団体に所属し、活動する中で、ベトナムで行われる海外インターンシップの存在を偶然知り、1年生の夏休みに参加しました。

　インターンシップの内容は、ベトナムに2週間滞在し、レストランや語学学校など、現地の店舗で企画を1つ立案し、実際に販売するところまで手がけるというものでした。最終プレゼンテーションでその企画の成果を発表し、認められれば自分たちが帰国した後も商品がその店舗に残るというプログラムでした。プログラムを通してさまざまなことを学びましたが、その中でも最も大きな学びが、自分の常識は他の人や世の中の常識とは違うということでした。これは、ベトナムでビジネスをゼロから作ろうとする際にも、他のインターンシップ参加者や現地の人と対話する際にも、痛感させられたことでした。地理的な意味のみならず、他の国の文化や他者理解という意味でも、「世界は広い」と気づくきっかけになりました。

　また、周りと自分との違いを知る中で、自己理解も深まりました。自分は他の人と何が違っていて、どのような個性を持っているのか。その個性を発揮して、何のために、自分の限られた命を使っていきたいのか。こうした本質的な問いと向き合うことの重要性を10代のうちに知ることができたことは、その後の人生の財産となりました。

　一方、インターンシップ後に挑戦したアメリカでの長期留学では、大きな挫折を経験しました。日本で複数のインターンシップを経験し、「自分は海外でも通用するはずだ」と自信満々で留学に挑みましたが、言語も含め、想定していた以上に壁は厚いものでした。留学中に挑戦しようと思っていたインターンシップも、成果を出すことはおろか、機会を得ることにすら苦戦しました。こうした状況の中で、苦しみながらも自問自答を続け、嫌な部分も含め自分を見つめ直した時間が、今振り返ると一番実があったように思います。

　大学生活ではこれ以外にも数々の貴重な経験ができ、外の世界

に繰り返し飛び出し、そこで得た発見を基に徹底的に内省を繰り返しました。こうして、深く納得のいくファーストキャリアを選択することができました。そして、これまでの海外経験が評価され、社会人2年目から海外赴任のチャンスが得られました。学生時代に比べてパワーアップした自分で「今度こそスムーズにやり遂げてみせる」と意気込んで渡航しましたが、結局はまた、今まで経験してきたのと同じように、新しい世界に驚き、苦しみ、深く自分と向き合うプロセスを踏むことになりました。しかし今度は、仕事で成果を出せたことでそのステージを突破し、グローバルな世界でもやっていけるという自信をつけることができました。

　自分の知らない世界に飛び出す経験は、私の人生をずっと広く、深く、面白いものにしてくれました。自分の世界が広がっていく感覚に病みつきになってしまった私は、今後の人生でもこの感覚を追い求め続けるのだと思います。

（協力：株式会社旅武者）

ここがポイント！

　新興国ベトナムでゼロからビジネスを立ち上げる経験からは、2週間という短期間であってもかなりの負荷がかかります。PDCAサイクルを回しながらチームで企画を進めた経験は、失敗や衝突も含めて、グローバル就活を進める際のアピールにつながります。K.F.さんがインターンシップの経験に留学を加えたところも、独自性がアップするポイントでした。

［A-6］オンライン海外インターンシップ

　2020年1月以降、日本でも新型コロナウィルス感染症の感染拡大により、海外渡航ができなくなり、留学や海外インターンシップの多くが中止されました。そこで、オンラインプラットフォームを活用したオンライン留学（バーチャル留学）が誕生しましたが、海外インターンシップにおいてはそれがオンライン海外インターンシップという形に進化しました。オンライン海外インターンシップは大きく次の2つの種類に分かれます。

1. オンラインPBL型プロジェクト：グループ参加、初級〜中級向け

　オンラインPBL型プロジェクトは、研修型インターンシップのオンライン版です。PBL（project based learning）型として、課題解決やプロジェクトを推進するグループ研修にオンラインで参加します。渡航するタイプの研修型インターンシップでは、開発途上国を行き先に選ぶのをためらう方もいるかもしれませんが、オンラインであれば不安なく参加できます。

2. オンライン実践型インターンシップ：個人参加、中級以上向け

　これは、実践型インターンシップのオンライン版です。仕事の内容は実践型ですが、オンライン版では参加時間が柔軟だったり、テーマ性のあるプロジェクトに参加したりと、より現代的で多様性のある経験ができます。渡航するタイプのインターンシップではビザの関係で受け入れが難しい企業や団体であっても、オンラインであればインターンを受け入れることがあるので、よりグローバルな選択肢の中から選ぶこ

とができます。社会人がプロボノ（専門分野の知識を持つ人が、自分の知識やスキルを無償貢献するボランティア）として参加することも可能です。

オンライン海外インターンシップには、オンラインのメリットを生かした多種多様なものがあります。現在の自分の英語力や取り組みたいプロジェクトによって選ぶといいでしょう。

オンライン海外インターンシップのメリット

オンライン海外インターンシップには、次のようなメリットがあります。

1. リモートワークスキルが獲得できる

グローバルに仕事を進めていく上で、世界どこでも誰とでもオンラインでプロジェクトを進めることができる「リモートワークスキル」は、これから必須になります。オンラインプラットフォームを使ってチャットや書類の共有、会議をしながら、プロジェクトを推進していく経験をファシリテーターの下で積むことができます。

2. 自宅から参加可能

オンラインなので、自宅など好きな場所から参加できます。直前まで大学の講義を受けたり、アルバイトの前後に参加したりと、効率的に時間を使えます。

3. コストパフォーマンスが高い

渡航費や滞在費、現地での生活費や海外旅行保険などの費用がかからないため、割安で参加できます。なるべく予算を抑えて海外インターンシップを経験したい方にお勧めです。

4. チームビルディングを経験できる

特にオンラインPBL型プロジェクトでは、アジア研修型と

同様にチームで問題解決にあたるため、オンラインでのチームビルディングを経験できます。ファシリテーターから、そのコツやノウハウを学ぶこともできます。

5. 海外の大学生やビジネスパーソンとオンラインで交流できる

このタイプの研修には海外の大学生との交流が組み込まれているプログラムも多く、彼らと交流しながらプロジェクトを進行していくことができます。オンラインなので、あまり緊張することなくコミュニケーションを取ることが可能です。

オンライン海外インターンシップには、海外との時差を有効活用した時間の使い方ができる、ビザを気にせずに参加できるなど、他にもオンラインならではのメリットがあります。また、オンライン海外インターンシップは、渡航型に比べて手続きが簡略化されている傾向があります。特にオンライン PBL 型プロジェクトの場合はマッチングや渡航手続きが必要ないので、流れがとてもシンプルです。オンライン実践型インターンシップは事業者やプログラムによって異なりますが、やはり流れは渡航型よりもシンプルです。英会話力の確認や履歴書作成、英語面接を行わない事業者もあります。

参加までの流れ（オンライン PBL 型プロジェクト）

1. 海外インターンシップ事業者に参加申し込み
2. 参加オリエンテーション
3. 参加

参加までの流れ（オンライン実践型インターンシップ）

1. 海外インターンシップ事業者に参加申し込み

2. 参加者の英語力（主に会話力）の確認
3. 英文履歴書の作成
4. ホストカンパニーのマッチング
5. オンラインでの英語面接
6. ホストカンパニー決定
7. 参加準備
8. 参加

必要な英語力

プログラムによって異なる

参加方法

次に、オンライン海外インターンシップへの参加方法を紹介します。

1. オンラインPBL型プロジェクト

アジア研修型インターンシップと同様、参加条件のハードルは一般に高くありません。ただし、テーマによっては、ハイレベルな英語力が求められるケースもあります。

例1：アメリカ西海岸ビジネス系プログラムの場合

英会話中級以上（TOEICテスト 550以上）

例2：ベトナムのビジネス系プログラムの場合

英会話初級以上（英語試験のスコア必要なし）

2. オンライン実践型インターンシップ

実践型インターンシップと同様に、TOEICテストなどの英語試験のスコアを求められる場合と、英会話力が確認される場合があります。オンライン実践型インターンシップでは、オンラインで現地のホストカンパニーと英語でコミュニケーションを取りながら仕事を進めていくため、十分な英語力が

必要です。

　また、どちらにおいても英語力以外にオンラインプラットフォーム（Zoom、Teams、Slack など）の使用、Word での書類作成、プレゼンテーション作成、チャットや E メールでのやり取りなどの基本的な PC スキルが必須です。

オンライン海外インターンシップが向いている人

　オンライン海外インターンシップは、次のような人に向いています。

1. 大学 1、2 年生
2. 隙間時間を有効に活用して海外経験を積みたい人
3. まずオンラインで海外インターンシップを体験したい人
4. アジアなど新興国のビジネスに関心がある人
5. アフリカや南米などに、行ってみたい国がある人
6. 短期集中型で自分の壁を越えたい人
7. 費用をなるべく抑えたい人
8. 海外インターンシップや留学の経験があり、就職前にブラッシュアップしたい人

　オンラインですので、渡航型の海外インターンシップに参加する前にお試しで参加してもいいと思いますし、リモートワークスキルを得るために参加するのもいいでしょう。治安の問題などについて気にせず参加できますから、アフリカや中東、インドなど新興国へ踏み出す第一歩として経験してみるのもいいでしょう。

オンライン海外インターンシップを経て、現地企業に就職

S. T. さん（女性。参加時は大学生）

内容：途上国向けオンライン教育事業
国：バングラデシュ
期間：7カ月間
卒業後のキャリア：バングラデシュの教育ビジネスのベンチャー企業に
1号社員として就職

参加理由：

　私は「教育×途上国」に興味があったものの、当時は周りに流されて安定志向になり、「今すぐじゃなくても、スキルを磨いてから飛び込んでもいいのでは」という考えを持っていました。その考えから普通に就活をし、内定もいただいていました。しかし、「人生には限られた時間しかないし、新しい世界に飛び込むのは若いうちしかない！」と思い、昨秋に内定を辞退し、1〜2年間は海外インターンシップに挑戦しようと決めたのです。

　ところが、新型コロナウィルス感染症の感染拡大で、海外渡航とインターンシップを諦めざるを得なくなりました。こうしたときにオンライン海外インターンシップのプログラムを見つけました。オンラインなら海外に渡航しなくとも世界とつながり、これからの時代に即した働き方ができると思い、オンライン海外インターンシップへの挑戦を決めました。

　インターン先としてバングラデシュの教育系企業を選んだ理由は、主に2つあります。1つ目はインターン先のビジョンに共感したことです。「生まれた環境に左右されることなく、誰もが自由に未来をつかみ取る」というビジョンは、私がアフリカを訪れた際に感じた「不条理な世の中を変えたい」という想いと重なるものでした。2つ目は、「教育ビジネス×途上国」という自分の軸と企業の取り組みが合致していたことです。この企業であれば、今まで

の自分の塾講師としての経験や留学生との交流の経験からも事業に貢献できるのではないかと思ったのです。

インターンシップの内容：

　私は、日本語の授業の運営とカリキュラム作成、そして日本での就職を目指すバングラデシュの方を対象にした日本語の授業を主に担当しました。インターンシップを通して、社会で必要とされるスキルを磨くことができただけでなく、仕事をしていく中でふだん関わることのない年代の人とも関わることができ、その結果、新たな視点で物事を考えることができるようになりました。そして、何事にもとにかく飛び込んでみるチャレンジ精神が養われたと思います。

　その後、インターン先の企業に就職してからは、インターン中に培ったスキルやマインドを使って人事の業務も担っており、日本語の授業を運営するインターン生やボランティアの採用活動、外国人の人材を求める日本企業との窓口役も任されています。

インターンシップに参加して得たもの：

　私の人生のミッションは、教育や人材育成という手段を通じて、私と関わった全ての人を幸せにすることです。ミッションの達成に向けて、自分と関わった生徒たちの将来の選択肢を広げられるよう、これからはバングラデシュと日本の働き方の違いを経験した私だからこそできる、日本での就職後のサポートをしていきたいと考えています。

　現在、プログラミングのプロジェクトに取り組んでいますが、将来はこのプロジェクトを軌道に乗せ、その他の分野にも業務範囲を広げて、幅広い分野で世界で活躍するリーダーを育成したいと考えています。

　こうした自分の実現したい未来に向けて、今はまず、バングラデシュの方々とのコミュニケーションを通して、少しずつバングラデシュでの仕事や文化、価値観に慣れるように頑張っています。

そして、これからも常に学び続ける姿勢を忘れず、自分の目指す姿に向けてやるべきことは何かを考え、行動に移していきたいと思います。 （協力：タイガーモブ株式会社）

ここがポイント！

インターンシップ先が開発途上国の場合は、安全面での不安が参加のネックになることがありますが、オンライン海外インターンシップであれば不安なく参加できます。「教育ビジネス×途上国」という自身の方向性に合ったインターンシップ先を見つけ、そこでの経験とつながりがそのまま就職に結び付いた好事例です。

　最後に、海外インターンシップの種類と特徴を表にまとめておきましょう。

海外インターンシップの種類

	参加期間	研修内容	英語レベル	予算の目安 プログラム費用 ＋滞在費
[A-1] [A-2] 実践型	5週間以上	データ入力　営業 アシスト等	外資系： 中上級〜 日系：初級〜	50〜90万円
[A-3] 国際協力型	4週間以上	NPO、NGOでの プロジェクト参加	中上級〜	30〜40万円
[A-4] アカデミック型	6カ月以上	大学での講義参加 企業インターンシップ	TOEFL, IELTS など 英語スコア必修	120〜 350万円
[A-5] アジア研修型	2週間〜4週間	ビジネス研修 PBL型	初級〜	20〜30万円
[A-6]オンライン 海外インターンシップ	2週間〜4週間	PBL型　実践型	プログラムに よって異なる	20〜30万円

[A-7] 国内インターンシップ

　次に日本国内でのインターンシップを見ていきましょう。海外インターンシップも日本国内のインターンシップもインターンシップに変わりはありませんが、その目的や内容に違いがあります。

　もし、あなたがグローバルに事業展開する日本企業への就職や海外での日本企業への就職を検討しているのであれば、日本

国内でのインターンシップも有効です。

　海外インターンシップは海外での「経験を積む」ことが主な目的であったのに対し、日本のインターンシップでは職場体験を提供するだけでなく、実際の「採用の場」として実施している企業が多いのが特徴です。実施の時期や参加条件、得られるものに違いがあるほか、就職先にも違いがあります

　国内インターンシップには、大きく分けて短期インターンシップと長期インターンシップの2種類があります。

1. 短期インターンシップ

　日本国内での短期インターンシップの期間は1〜2日、少し長めのもので1〜2週間が相場となっています。実施している企業は大手企業が主で、この期間の短さは海外とは違う日本独自のものです(海外では最小単位が3カ月)。

　前にも述べましたが、日本経済団体連合会(経団連)では以前、インターンシップの最低日数要件を「5日以上」としていました。それを、2017年から1日から認めると変更したことで、1dayインターンシップが増加したのです。

海外インターンシップと国内インターンシップの違い

	実施の時期	エントリー方法	得られるもの	グローバル就職
海外インターンシップ	・種類により異なる ・長期は通年採用 ・短期は春休み、夏休み	・英文履歴書 ・英語面接 ・マッチング	・海外のビジネスカルチャーが学べる	・外資系企業日本法人 ・海外の現地企業 ・海外の日系企業など
国内インターンシップ	・大学3年生の6月頃から大学4年生の3月頃までが一般的	・ES選考 ・筆記試験 ・面接	・ビジネスマナー ・多様な業種を経験できる	・グローバル展開する日本企業 ・海外の日系企業

短期インターンシップには、主に次のようなものがあります。

・**企業見学タイプ**

・**会社説明会タイプ**

・**ワークショップタイプ**

短い期間なので、学生には「参加しやすい」「スケジューリングしやすい」「企業との接点を持ちやすい」などのメリットがあります。企業側には「多くの大学生との接点を持つことができる」「優秀な学生を獲得する足がかりになる」「企業側の負担が少ない」などのメリットがあります。

短期インターンシップの主な目的は企業理解です。会社の実際の雰囲気を体感できるのが大きな利点なのです。

2. 長期インターンシップ

長期インターンシップの期間は、数カ月〜1年くらいが中心になっています。受け入れ企業にはベンチャー企業や学生の採用を積極的に考えている企業が多く、2年以上という長いものもあります。対象学年も大学1年生から4年生、大学院生まで幅広く、時間帯を相談できるところが多いのも特徴です。

将来の就職を見据えて参加したい学生には最適ですし、長期的にビジネスマナーやスキルを獲得できるのが魅力です。短期インターンシップでは、あくまでも企業の雰囲気を体感するところが到達点のため、企業側が実際に何を考えているのか、また職場のリアルな状況までを把握することは難しいのが現状です。長期インターンシップを経験することで、社員の本音や会社の方向性、自分との相性などを把握することができるのです。

長期インターンシップの職種

次に、長期インターンシップで経験できる主な職種を見てみ

ましょう。

　・営業

　・マーケティング

　・企画

　・編集

　・エンジニアリング

　・広報

　・接客／販売

　・事務

　国内インターンシップが海外インターンシップと違うのは、スキルや専門性が高くなくても採用の扉が開かれていることです。国内インターンシップにはインターン生が仕事をする中で企業が教育・トレーニングするという仕組みがあるため、「この仕事をしてみたい」という段階でも参加できるのです。

　ただ、その分、その企業で働く目的や意欲は求められますので、「自分が何をしたいのか」ということを明確に伝えることが大切です。また、当然ながら、海外インターンシップと同様にグローバルマインドセットができ上がっている方がインターンシップ中の成長速度は上がります。意欲と目的がより伝わりやすくなるので、採用される確率も高くなるのです。

国内インターンシップのメリット

　グローバル就活をする学生にとって、国内インターンシップには次のようなメリットがあります。

1. 大学生モードから社会人モードに切り替えられる

　就職する際には大学生から社会人に変化する必要がありますが、両者の間には大きな隔たりが存在します。学業を本分

133

とする大学生と、仕事を通じて社会に貢献する社会人との温度差は大きいのです。国内インターンシップに参加し、社会人と一緒に仕事をすることで、社会人の仕事に対する考え方や会社・職場の雰囲気を体感し、自身のマインドセットも切り替えることができるのです。

2. 国内のグローバル企業や海外の日系企業への就職に有利

　グローバル就活の中でも、グローバルに事業展開する日本企業への就職や海外での日系企業への就職を希望する方には、国内インターンシップが有効です。なぜなら、日系企業の場合、ベースとなる企業風土やビジネスカルチャーは日本にあるからです。日本企業とのコネクション作りが重要なので、まずは国内インターンシップに参加し、その上で海外の流儀を知っておくと、さらに自分の市場価値を上げることができます。国内外の日本企業に就職を希望する学生は、国内と海外、双方のインターンシップを経験しておくとエントリーシート（ES）にも書けますし、面接でもアピールできるのです。海外留学を一度経験している人は、国内インターンシップと掛け合わせることでグローバルな日系企業へアピールすることも可能です。

3. さまざまな職種の会社を知ることができる

　いったん就職してしまうと、自分が働いている会社以外の内情を知る機会はほぼなくなってしまいます。それぞれの企業には秘密保持義務があるため、メディアリリースなどで意図的に外部に出している情報以外は見えない構造になっているからです。

　インターンシップに参加できるのは、いわば大学生の特権

です。その会社に就職するしないにかかわらず、インターンシップの中で知りえた業界知識が、その後のキャリアで役立つことは間違いありません。前述の通り、国内インターンシップは海外インターンシップほど参加者の専門性を問わないため、少しでも関心のある分野であれば、経験してみることを勧めます。

4. 企業とのミスマッチを防ぐことができる

「自分がどの会社・職業に合っているのか」は、正直なところ働いてみないと分かりません。仕事の相性はもちろん、そこで働く上司や同僚との相性もあるからです。海外は日本に比べて人が動くサイクルが早いため、同じ人とチームで5年以上一緒に働くことは稀ですが、日本企業では10年間一緒に働くこともあり得ます。働いてみて初めて自分との相性も分かりますので、仕事や業界、そしてその会社で働く人々を知るためにもインターンシップは有効です。

5 内定につながる場合もある

国内にはインターンシップを選考の一環と見なしている企業もあります。これらは「内定直結型インターン」と呼ばれ、長期インターンシップに多いタイプです。企業側としては、人材と業務とのミスマッチを防いだり、会社の方向性に合う人間性の持ち主かどうかを見極めたりすることができます。

特に日本にある外資系企業（例：アクセンチュア、マッキンゼー・アンド・カンパニー、P&Gなど）やIT系ベンチャー企業（例：メルカリ、サイバーエージェントなど）は内定直結型インターンを実施する傾向が強いことで知られています。こういった企業は即戦力を求めているため、海外インターンシップと同様

に雇用前のお試し期間としてインターンシップを設定しているのです。日本企業でも選考の一部免除や早期の選考参加などの優遇措置を設けているケースがありますので、事前に確認しておくといいでしょう。

参加までの流れ

国内インターンシップに参加するまでの流れは次の通りです。

1. 参加企業の選定
2. インターンへの参加申し込み：就活サイト、企業のホームページ、大学の就職課、ゼミ教員などを経由
3. インターン選考：ES、筆記試験、面接など。企業によって方式が異なる
4. 参加

参加のプロセスはとてもシンプルです。申し込みに際しては、リクナビやマイナビ、キャリタス就活などといった就活応援サイトを使用する方法が一般的です。就活応援サイトにはさまざまなものがあります。企業掲載数や使いやすさなどの特徴を踏まえて登録し、その後、企業にエントリーすることになります。

国内インターンシップに関しては、大学の就職課やゼミの先生など自分の持っているリソースを最大限に活用し、就活と同時進行で探していきましょう。

参加条件

国内インターンシップへの参加条件は、企業の募集内容によって異なります。それぞれの内容に沿って応募しましょう。

国内インターンシップが向いている人

　国内インターンシップは次のような人に向いています。

・国内のグローバル企業や海外の日系企業への就職を考えて
いる人

・海外インターンシップや留学を予定（または経験）しており、
日本での経験も積みたい人

・大学の就職課や教員からインターン先を紹介してもらえる
人

・日本式のビジネスを一から学びたい人

・インターンシップに参加するなら無給よりも有給で働きた
い人

・一度留学した経験があり、日本でインターンシップに参加
したい人

　国内インターンシップについては、就活応援サイトの充実や
大学の就職課のバックアップにより、多様な選択肢の中から参
加することが可能になっています。一方で、情報量があまりに
も多く、同学年の大学生が一斉に就活に向けて動き、競争が発
生するため、自分を見失いがちです。ピラミッドの頂点に位置
する有名な大手企業に就職することが勝ち組という印象を抱き
がちですが、この本を読んでいる皆さんは、第1章の英語面接
対策で行った自己分析を基に、自分に合ったインターンシップ
に挑戦してください。

4年間にわたるインターンシップで成功体験を蓄積

Y. I. さん（男性。参加時は大学生）

参加学年：大学1 〜 4 年
期間：11カ月間×4回
卒業後のキャリア：外資系IT企業勤務

卒業後のキャリア：

　新卒で日本アイ・ビー・エム株式会社に入社しました（私の大学としては18年ぶりの採用だったそうです）。入社後は九州支店、中四国支店、関西支社にて、地方自治体・大学・中堅中小企業（物流・小売・製造・メディア）への新規システム導入の営業に従事しました。営業3年目には、売り上げ（昨対比170パーセント）・契約金額（昨対比 353パーセント）において高い成果を残すことができ、4四半期連続で全ての設定目標を達成できた営業員のみが選ばれる「IBMハンドレッドパーセントクラブ（約1,000人の営業職員中、上位3 〜5パーセント以内が対象）」に選出され、4年目には達成率250パーセントで、当時、全世界従業員33万人中1,000人のみに贈られるBest of IBM に選出されました。

　その後、建設業界をテクノロジーで支援するIT企業、アンドパッドへ転職、社長室に配属され、現在は日本アイ・ビー・エム時代の経験を生かし、同社でエンタープライズ向け営業組織の立ち上げに関わっています。数年後には独立したいと考え、勢いのあるベンチャー企業の経営陣の元で日々勉強しています。

インターンシップの内容：

　私が参加したのは、大学生が企業の問題発見と解決に取り組むPBL 型のインターンシップです。活動期間は9カ月でした。その中で、九州の大学生と企業と留学生が1つのプロジェクトチームを

組み、インターン先企業のテーマに対して、企業分析、問題発見、解決までを行い、その成果をプレゼンテーションコンテストで発表し、順位を付ける活動でした。在籍中に団体がNPO法人化したので、会員企業集めやコンテストへの集客、参加学生・留学生の募集もしました。団体としては、九州にある企業の海外進出率アップと留学生の就職率アップを目指していたので、取り組む企業課題も海外に関わるものが多くありました。例えば、「焼酎の中国販路拡大」「化粧品の台湾向け越境ECの販促」「留学生支援活動」「海外工場の移転先調査」「カンボジアへのリユース事業進出のための検証」などです。比較的時間に自由のある学生と現地の言葉が分かる留学生、支援を惜しまないインターン先企業が一緒に活動し、目に見える成果を上げるチームも多数ありました（もちろん、うまくいかないチームもありましたが）。

　私は、大学1年次にテーマの難しさからメンバーがまだ1人もいなかった「太陽光の工場移転検討プロジェクト」でリーダーとして活動しました。福岡市内のあらゆる大学に足を運び、このプロジェクトに参加してくれる人を探しました。また、どうすればこの会社の役に立てるかを真剣に考えて、まずは知識を得ようと、太陽光について本やインターネットでの調査、さらに専門家へのヒアリング調査、太陽光パネル製造工場へ出向いての調査を重ねて理解を深めました。最終的にメンバーは17名にまで増え、太陽光についての知識も身に付き、担当する企業の常務取締役から「君より太陽光に詳しい大学生はいない！」と太鼓判を押していただきました。こうして認められたことで、さらに調査の幅が広がり、海外3カ国へ足を運んで実地調査をし、提案実現に向けて前向きに検討してもらうことができました。

　大学3年生のときには、この団体の学生代表を務めました。当初は新規メンバーの割合が高く、結束力の弱いことが課題と考え、新しい挑戦として、部署制を導入し、一人一人の役割を明確にするとともに、広報活動（団体の活動内容を発信する地元のローカルラジオ番組をスタート、テレビ局にドキュメンタリー番組の作成を依頼など）

に力を入れてメンバーのモチベーション向上を図りました。しかし、私は仕組み作りに注力するあまり、メンバーのメンタルケアの重要性に気が付かなかったのです。仲間の信頼を失い、120 名いたメンバーがいつの間にか 50 名まで減ってしまいました。そのとき、給料もないのに頑張ってくれているメンバーのモチベーションを維持することの大切さを思い知り、それからは一人一人を尊重する関係性を築き上げ、信頼を取り戻すことができました。

インターンシップに参加して得たもの：

　私はこのインターンシップで、自ら動き社会に関わる楽しさ、仲間の大切さとリーダーになることの難しさを学びました。

　元々は前に出たくない、積極的になるのは格好悪いと思うような高校生でした。そのような自分が大学でこの活動に出合い、本当は積極的になりたかったのに、そうすることへの恥ずかしさや、もしうまくいかなくてばかにされたらどうしようという気持ちが働き、積極的になれなかったのだと分かりました。

　この活動ではたくさん失敗もしましたが、自分はここまでできるんだ！という成功体験を数多く積むことができました。すると、失敗は成功に至る途中経過だと考えられるようになり、大学卒業時には失敗を恐れずにどんどんチャレンジしていくメンタリティーを持てるようになりました。このメンタリティーは、現在の仕事でも自分を助けてくれています。私は仕事ができるタイプでは決してありませんが、何度もあきらめずチャレンジすることで、結果がついてきていると思っています。

ここがポイント！

　ここに書かれているのは、企業と大学生・留学生がタッグを組んでプロジェクトチームを組むという産学連携の国内インターンシップの事例です。大学時代を通してほぼ4年間にわたりインターンシップに参加し、実際の職業経験にかなり近いレベルでの経験値とノウハウを得られたことでしょう。外資の大手企業に就職を勝ち取り、その後も活躍を続けているのも納得です。

体験談

オンラインインターンシップで得た企画力と実行力

H. I. さん（男性。参加時は大学院生）

参加学年：大学院修士課程2年
期間：2019年4月〜2020年3月（立ち上げに関わった時期も含む）
卒業後のキャリア：日系IT企業勤務
それまでの海外経験：ニュージーランド、オーストラリア、中国、フィリピン、タイ、ラオスへの渡航

卒業後のキャリア：

　2020年4月より、BNPL（後払い）決済サービスを取り扱うIT企業に就職しました。社会人1年目から3年目までマーケティング部署に所属し、会社の主幹サービスのPRを主担当としています。具体的には、見込み顧客との関係性構築などを目的としたオフライン施策（登壇イベントや展示会など）のプロジェクトマネジャーに任命されています。また、本業とは少し別軸になりますが、将来は「関わる人が居心地の良い場所と思えるサードプレイスづくり」を実現したいという夢があり、趣味のコーヒーと掛け合わせて、副

業で学生時代からの仲間と一緒に間借りコーヒー屋をしています。将来的にはサードプレイスとしての実店舗を持ち、国内外問わず、あらゆる人と心地良いつながりを持てる場所づくりを夢見ています。

インターンシップの内容：

2019年春より、キャリア事業を主幹とするスタートアップ企業の立ち上げ、およびコワーキングスペースの設立に関わり、コワーキングスペースの設立後からは約1年間、コミュニティー・マネジャーとして人と人とをつなぐ仕事をしました。具体的には、コワーキングスペースに併設させたバーで軽食やドリンクを提供しつつ、来店者同士をつなげる業務を担いました。学生へのキャリア支援に関心のある来店者同士をつなげたことで、キャリア支援に関わる共同企画が立ち上がったケースもあります。1対1で来店者のキャリアプランを率直に伺い、やりたいことを言語化するサポートをしたり、必要に応じてキャリア支援を担当するメンバーにつなげたりしたこともありました。来店者の中には、自分のやりたいことに紐づく事業に関わる就職先を見つけられた学生さんもいました。さらに、学生と社会人の交流イベントや、「未来のサードプレイス」をテーマにしたワークショップなどを自身で企画し、身近なサードプレイスを来場者間でシェアし合ったり、将来的にどんなサードプレイスがあると理想的かを語り合ったりしました。こうしたイベントやワークショップを通して、新規の来店者・リピーターを増やすことに貢献しました。

インターンシップに参加して得たもの：

私がインターンシップで得たものは主に2つあります。まずはやりたいと思うことを自分の力で企画する経験を積めたことです。仕事を進める上で「主体的に物事を考えて行動に移す力」と「アウトプットが出るまでやり抜く力」を欠かせないビジネススキルと捉えています。そして、2つ目は学生・社会人問わず、さまざま

な人々と関係性を築き、多様な価値観を受け入れるフラットなマインドを育んだことです。仕事をする中で全く異なる価値観を持つ人と出会う機会が多くありますが、そのような場面で適切なコミュニケーションを取れると思わぬ縁につながり、仕事が円滑に進む一助にもなります。このように、仕事を進める上で重要なスキルとマインドをインターンシップで得られたことで、就活で好印象を持っていただけたと思います。

ここがポイント！

　H.I.さんは現在の就職先で見込み顧客との関係性構築を目的としたオフラインプロジェクトに携わっています。コワーキングスペースで人と人をつなぐインターンシップをした経験が、この企画、実施にも生かされていることが分かります。ストーリーがつながっていて素晴らしいと思います。インターンシップは就職に役立っただけでなく、そこでご自身の方向性や強みを自覚することもできたと思います。留学経験もありますので、今後のグローバルな活躍も期待できます。

インターンシップ後の活動

　グローバル就活の事前準備、そしてインターンシップを経験した皆さんには、グローバル就活に必要な経験がすでに身に付いています。ここからはいよいよグローバル就職を勝ち取るための最終的な仕上げの段階です。グローバル就活の仕上げの段階で実行すべき事柄には次の3つがあります。

グローバル就活の仕上げに必要な3つの事柄
　・インターンシップの振り返り
　・英文履歴書のアップデートと完成
　・就活での英語面接に向けた対策（英語面接対策は2回目）

　インターンシップを経て、十分な経験を得た皆さんの経歴はバージョンアップされています。以上3つは皆さんのバージョンアップした経歴を意中の企業に100パーセント伝えるための大切な作業です。

インターンシップの振り返り

　インターンシップに参加した後に必ず実施していただきたいのが振り返りです。これは、インターンシップの経験を自分のものとして今後の学生生活やグローバル就職につなげるために有効だからです。所属する大学の就職課などで所定のシートがあれば活用して、項目ごとに書き出していきます。
　経済産業省では、「社会人基礎力」を提唱しており、この項目

に沿って検証していくのもいいでしょう。経済産業省によると、社会人基礎力とは「前に踏み出す力」「考え抜く力」「チームで働く力」の3つの能力（12の能力要素）から構成されており、「職場や地域社会で多様な人々と仕事をしていくために必要な基礎的な力」と定義されています（2006年、経済産業省）。経済産業省が言う3つの能力要素と12の能力要素は次の通りです。

①「**前に踏み出す力（アクション）**」の能力要素

  1. 主体性：物事に進んで取り組む力

  2. 働きかけ力：他人に働きかけ巻き込む力

  3. 実行力：目的を設定し確実に行動する力

②「**考え抜く力（シンキング）**」の能力要素

  4. 課題発見力：現状を分析し目的や課題を明らかにする力

  5. 計画力：課題の解決に向けたプロセスを明らかにし準備する力

  6. 創造力：新しい価値を生み出す力

③「**チームで働く力（チームワーク）**」の能力要素

  7. 発信力：自分の意見をわかりやすく伝える力

  8. 傾聴力：相手の意見を丁寧に聴く力

  9. 柔軟性：意見の違いや立場の違いを理解する力

  10. 情況把握力：自分と周囲の人々や物事との関係性を理解する力

  11. 規律性：社会のルールや人との約束を守る力

  12. ストレスコントロール力：ストレスの発生源に対応する力

　皆さんは自分のインターン参加中の行動を振り返り、12ある
それぞれの能力要素に5点満点で点数をつけてみてください。
経済産業省では、振り返りのための振り返りシートと社会人基
礎力自己点検シートのテンプレートを公開していますので、こ
れらを活用するのもいいでしょう。

「社会人基礎力」とは

経済産業省が主催した有識者会議により、職場や地域社会で多様な人々と仕事をして
いくために必要な基礎的な力を「社会人基礎力(＝3つの能力・12の能力要素)」
として定義。

前に踏み出す力 (アクション)

 一歩前に踏み出し、失敗して
も粘り強く取り組む力

主体性	物事に進んで取り組む力
働きかけ力	他人に働きかけ巻き込む力
実行力	目的を設定し確実に行動する力

考え抜く力 (シンキング)

 疑問を持ち、考え抜く力

課題発見力	現状を分析し目的や課題を明らかにする力
計画力	課題の解決に向けたプロセスを明らかにし準備する力
創造力	新しい価値を生み出す力

チームで働く力 (チームワーク)　多様な人々とともに、目標に向けて協力する力

発信力	自分の意見をわかりやすく伝える力
傾聴力	相手の意見を丁寧に聴く力
柔軟性	意見の違いや立場の違いを理解する力
情況把握力	自分と周囲の人々や物事との関係性を理解する力
規律性	社会のルールや人との約束を守る力
ストレスコントロール力	ストレスの発生源に対応する力

経済産業省「人生100年時代の社会人基礎力」より

インターンシップ・振り返りシート

記入日：　年　　月　　日

○学生・インターンシップ情報

氏名	
大学・学部・学科・学年	
インターンシップ期間	年　月　日　〜　　年　月　日（　　　間）
受入企業・組織の名称	

○インターンシップで経験した業務と達成度

経験した業務

達成度

○あなた自身の成長目標の実現に向けて取り組んだ内容と自己評価

※「インターンシップ目標設定シート」の内容と照らしながら作成してください。

取り組んだ内容

自己評価

○本インターンシッププログラムでの気づき（自分の長所や現在の不足点、これまでの大学生活の学びの活きた点、今後大学の授業等に加えて意識して努力すべき点等、今回の経験を通して感じた内容を具体的に記入）

147

○将来の夢、志
（今考える自身が「社会で活躍する」イメージをできるだけ具体的に記入）

○今後成長させるべき能力

○向上させる能力と行動計画
（将来の夢に近づくための能力向上の行動計画を宣言。項目の内容は p.150 参照）

向上させる能力	能力向上に向けた行動計画
前に踏み出す力	・ ・ ・
考え抜く力	・ ・ ・
チームで働く力	・ ・ ・
	・ ・ ・
	・ ・ ・

※追加したい評価項目があれば項目を追加してください。
（書類の流れ：学生 [作成] →大学教職員・インターンシップ先担当者）

インターンシップ・社会人基礎力自己点検シート

記入日： 年 月 日

インターンシップ前にあなたの社会人基礎力、強みと課題を自己点検してください。ここで作成した内容を基に「インターンシップ・目標設定シート」を作成してください。またインターンシップ終了後「インターンシップ・振り返りシート」を作成する際にも、その時点の自己点検を行って比較してみてください。

○学生・インターンシップ情報

学生氏名	
大学・学部・学科・学年	

○社会で活躍できる人材とは（仮説）

どのような能力をもち、どのような行動がとれる人が「社会で活躍できる人材」か、あなたの仮説を言葉にしてください。

○自己点検（※該当を●、1優れている、2やや優れている、3標準的、4やや劣る、5劣る）

能力評価		評価	自己評価の説明 （評価の根拠となる行動事実）
前に踏み出す力	主体性	○1 ○2 ○3 ○4 ○5	
	働きかけ力	○1 ○2 ○3 ○4 ○5	
	実行力	○1 ○2 ○3 ○4 ○5	
考え抜く力	課題発見力	○1 ○2 ○3 ○4 ○5	
	計画力	○1 ○2 ○3 ○4 ○5	
	創造力	○1 ○2 ○3 ○4 ○5	
チームで働く力	発信力	○1 ○2 ○3 ○4 ○5	
	傾聴力	○1 ○2 ○3 ○4 ○5	
	柔軟性	○1 ○2 ○3 ○4 ○5	
	状況把握力	○1 ○2 ○3 ○4 ○5	
	規律性	○1 ○2 ○3 ○4 ○5	
	ストレスコントロール力	○1 ○2 ○3 ○4 ○5	

※大学の教育方針・インターンシップの目的等により追加すべき評価項目があれば項目を追加してください。

○自分の強み・課題

強み／長所と考えられる点
課題／今後努力を要すると考えられる点

〈目標設定・評価の指針となる項目内容の説明〉

向上させるべき能力（社会人基礎力）

前に踏み出す力	・一歩前に踏み出し、失敗しても粘り強く取り組む力 ・指示待ちにならず、一人称で物事を捉え、自ら行動する力	主体性	物事に進んで取り組む
		働きかけ力	他人に働きかけ巻き込む
		実行力	目的を設定し確実に行動する
考え抜く力	・疑問を持ち、考え抜く力 ・自ら課題提起し、解決のためのシナリオを描く、自律的な思考力	課題発見力	現状を分析し目的や課題を明らかにする
		計画力	課題の解決に向けたプロセスを明らかにし準備する
		創造力	新しい価値を生み出す
チームで働く力	・多様な人々とともに、目標に向けて協力する力 ・グループ内の協調性だけに留まらず、多様な人々との繋がりや協働を生み出す力	発信力	自分の意見をわかりやすく伝える
		傾聴力	相手の意見を丁寧に聴く
		柔軟性	意見の違いや立場の違いを理解する
		状況把握力	自分と周囲の人々や物事との関係性を理解する
		規律性	社会のルールや人との約束を守る
		ストレスコントロール力	ストレスの発生源に対応する

※大学の教育方針・インターンシップの目的等により追加すべき評価項目があれば項目を追加してください。

英文履歴書の完成

　インターンシップに参加した皆さんは、すでに第1章で英文履歴書を完成している状態です。今回はそれをアップデートするだけですので、ここから先はとてもシンプルな作業です。

　グローバル就職に向けて、英文履歴書に対してこれからすべきことは大きく分けて次の2つです。

　　1. 英文履歴書の完成
　　2. カバーレターの作成

1. 英文履歴書の完成

　まず、グローバル就職用に、すでに作成済みの英文履歴書を項目ごとにバージョンアップしていきます（各項目の説明は第1章54ページ参照）。前述の振り返りシートに記載した内容をここで使いますので、手元に振り返りシートを置きながら完成させていきましょう。

① PERSONAL INFORMATION

　個人情報に変更があれば修正します。

② OBJECTIVE

　OBJECTIVEには希望職種を記載します。インターンシップの経験を経て希望する職種が明確になった人もいるでしょう。事前準備で英文履歴書を書いたときと同様に「自分がその企業に入社したらどのような貢献ができるのか」を意識して書いてください。

③ SUMMARY

　ここは4〜5行程度の箇条書きで自分のアピールポイントをまとめて記載する重要な箇所です。インターンシップの経

験を踏まえた上で、現在の履歴書を見直してみてください。社会経験をしたことで、就職先の企業がどのような人材を求めているかがより明確になった人もいるのではないでしょうか。

　この部分は何度も練り直すことで精度が上がります。数字のファクトを入れつつ、自身の強みや経験を具体的に記載しましょう。直近のインターンシップの経験について必ず述べてください。

④ WORK EXPERIENCE

　WORK EXPERIENCE（職歴）は最も重要な箇所です。第1章で述べたように、英文履歴書では最新の経歴が一番上に来ますから、まず上にインターンシップの経験を追記します。インターンシップを通して経験したさまざまな事柄の中で、特にアピールにつながりそうな部分をピックアップして書き出していきます。特に昨年対比15パーセント売り上げがアップした、90パーセント以上の顧客満足度を得たなど、数字のファクトを入れると説得力が増します。

⑤ EDUCATION

　EDUCATION（学歴）は、インターンシップに参加する準備段階で作成した履歴書から何か変更があれば追記しましょう。例えば、海外留学など海外の教育機関に在籍した場合は、その学校名、学科、所在地、在籍期間、取得学位などを記載します。

⑥ QUALIFICATIONS / SKILLS

　QUALIFICATIONS / SKILLS（資格・スキル）には、企業から魅力的だと思われそうな資格やスキルを記載します。第1章61ページでハードスキルとソフトスキルについて説明しましたが、インターンシップを経験してそれぞれ獲得

したスキルがあると思います。特にソフトスキルに関して
は、職場の対人関係の中で得たスキルがあるはずです。例
えば、problem solving（問題解決能力）やadaptability（順応
性）、organizational skills（オーガニゼーションスキル）、active
listening（アクティブリスニング）などです。前述の12の能力
要素もこの部分にあたります。

　グローバル企業では、computer skills（コンピュータースキ
ル）やprogramming skills（プログラミングスキル）などのハー
ドスキルと同様に、ソフトスキルを重視する傾向があります。
振り返りシートを見て、特に評価の高い能力要素を身に付け
たのであれば、どんどん追記していきましょう。

　こうして英文履歴書が完成したら、外国人の先生や英語の先
生にチェックしてもらいましょう。できれば英語のネイティブ
スピーカーの先生からフィードバックをもらってください。

2. カバーレターの作成

　英文履歴書が完成したら、次はカバーレター（cover letter）の
作成です。カバーレターとは外資系企業や海外の企業に英文履
歴書などの応募書類を送る際に同封する送付状または添え状の
ことですが、これは日本の送付状以上に大切な役割を持ってい
ます。カバーレターは、自己PRを書くことができる唯一の書類
なのです。

　忙しい企業の採用担当者が英文履歴書を読んでくれるかどう
かは、このカバーレターの出来にかかっていると言っても過言
ではありません。それでは、カバーレターのサイズやフォーマッ
トから見ていきましょう。

基本フォーマット

1. 用紙サイズ

　大学生・社会人ともにA4サイズ1枚にまとめましょう。2枚になりそうな場合はレイアウトやフォントを工夫して1枚にまとめるようにしてください。

2. フォント

　英文のフォントは、英文履歴書と同様にTimes New RomanあるいはArialが一般的です。迷った場合は、最も欧米のビジネスパーソンに好まれるTimes New Romanを使用しましょう。文字のサイズはこちらも10.5〜12ポイントがお勧めです。フォントの色は黒のみとします。

3. テンプレート

　Wordなどのソフトを使用してパソコンで作成することをお勧めします。余白の設定に関しては、文章量が多い場合はやや狭く、少ない場合は標準で設定するといいでしょう。

4. レイアウト

　全体のレイアウトもとても重要です。1枚にまとまるように文章量を調整してください。

5. スペルチェック

　英語の文法や単語の綴りのミスがないかどうか、ネイティブスピーカーの先生に依頼するなどして確認してください。Wordのスペルチェック機能も役立ちます。

6. ファイル形式

　カバーレターや英文履歴書をデータで送信またはアップロードする場合には、.docxまたはPDFのファイル形式で保存します。ファイル名も英語で「氏名_cover letter.docx」などとしておくと、相手がファイルを受け取ったときにその内容がすぐに分かります。

カバーレターの構成

次に、カバーレターの構成をパートごとに解説します。

①自分の氏名・連絡先

冒頭に自分の氏名、住所、電話番号、Eメールアドレスを記載します。英文で住所を書く際は、日本と逆になるので注意してください。

例：

〒100-0001 東京都千代田区千代田1-2-3 XXビル101号

↓

#101 XX building, 1-2-3 Chiyoda, Chiyoda-ku, Tokyo 100-0001

---

②日付

応募書類を提出する日付を記載します。日、月、西暦の順で書きます。

③宛名・宛先

応募する会社の担当者名、会社名、住所を記載します。担当者名が分からない場合は、To whom it may concern または Sir/Madam と書いておくと良いでしょう。

④担当者名

文章の冒頭に、「Dear担当者名」と書きます。担当者名は事前にフルネームを確認しておきます。不明な場合、以前は Dear Sir or Madam や To whom it may concern などと記載することが一般的でしたが、近年はジェンダー配慮が進み、Dear Hiring Manager、Dear Reservations Department などと記載することも増えています。

自分の
氏名・① Yui Rireki
連絡先　 2-1-XXX Kami, Suginami, Tokyo 151-00XX
　　　　 Mobile: 090-XXXX-XXXX
　　　　 yui.rireki@XXXX.com

日付 ② February 10, 2020

　　　　 Mr. David Smith
　　　　 Personnel Manager
宛名・③ Nihon Hotel
宛先　 1-2-X Kita, Shinjuku, Tokyo
　　　　 112-34XX

担当者名 ④ Dear Mr. Smith

件名 ⑤ RE: Application for the Reservation Agent position, job
　　　　 reference number 51234

I wish to apply for the position of Reservation Agent ⑥
position in response to your website on Monday, February 5. 本文
The job reference number is 51234. (応募職種・経緯)

In March, 2021, I will receive my Bachelor of Arts Degree
in English literature from Yushima Gakuen University,
and I am interested in obtaining the entry-level position of
reservation agent you are advertising.

I have participated in the internship program of Tokyo
Hotel as a reservation agent, requiring good telephone
⑦ communication skills both Japanese and English. My
本文 duties were assisting data typing to reservation system, and
(志望動機・ answering phone calls and transfer to responsible staff if
自己PR) needed.

I sincerely hope that my internship experience and
interpersonal skills are of interest to you and that an
interview might be arranged at your convenience. I may be
reached at 090-XXXX-XXXX.

Thank you for your consideration and I am looking forward ⑧
to hearing from you soon. 本文
(感謝の気持ち)

結びの
言葉 ⑨ Yours sincerely,

署名(自筆・ *Yui Rireki*
タイピング) ⑩ Yui Rireki

同封書類
の案内 ⑪ Enclosure
•Resume

156

⑤**件名**

　自分が応募する目的や件名を簡潔に書きます。「RE: ○○」のRE:は「件名」という意味です。RE:の後に応募する求人名や求人タイトルを記載します。

⑥**本文（応募職種・経緯）**

　本文は3段落に分けて書いていきます。最初の段落では、今回応募する職種やその志望動機を2〜3行くらいで説明します。自分がどのように今回の応募に至ったのか、その経緯も示すといいでしょう。

⑦**本文（志望動機・自己PR）**

　この段落が、カバーレターで最も重要な部分です。自分自身がいかにこのポジションに適任かをここでアピールします。特に、インターンシップ中の成果や実績、具体的な能力やスキルを挙げて、自分の熱意が相手にしっかりと伝わるように練り上げてください。英文履歴書の中で特に強調したい箇所や書き切れなかったポイントがあれば、それを記載しても構いません。

⑧**本文（感謝の気持ち）**

　最後の段落では、カバーレターを読んでくれたことへの感謝の気持ちを相手に伝えます。今後の連絡方法や特に確認したい事柄があればここに含めても構いません。また、最後にもう一度今回の応募への意欲を伝えることで、こちらの強い熱意を示すことができます。

⑨**結びの言葉**

　日本語の手紙の「草々」にあたるもので、英語ではメールでも手紙でも必ず締めの言葉を記載します。Yours sincerely、Kind regards、Best regards などがいいでしょう。Cheers などの表現はカジュアルすぎるので避けましょう。

⑩署名（自筆・タイピング）

　　海外では、手書きの署名は本人が書いた証となり、日本の印鑑に相当します。Wordなどで作成する際には署名を書くためのスペースを空けておいて、その下に氏名をフルネームでタイピングしておきます。だだし、現在では電子署名も増えてきています。

⑪同封書類の案内

　　Enclosureとは「同封書類」という意味です。同封する書類が英文履歴書のみであれば、Resumeと記載しておきます。

　　以上でカバーレターは完成です。カバーレターを作成する際に大事なのは、細部に注意を払うことです。下記の項目は特にミスをしがちなので、意識してチェックしてください。英文履歴書と同様に、ネイティブスピーカーにチェックをしてもらえると安心です。

　　・スペルを間違えない（特に相手の名前）
　　・フォントを統一する
　　・A4サイズ1枚に収める
　　・件名を忘れない
　　・結びの言葉を入れる
　　・同じ表現を2度使用しない
　　・Iを多用しすぎない
　　・ピリオドの入れ忘れをしない
　　・ファイル名に注意する

英語面接対策（2回目）

　インターンシップへの参加準備をする段階で英語面接対策は1回終えていますので、今回は本番の英語面接に向けた対策です。グローバル就活の就職先は4つに分けられますが、新卒に対する英語面接が想定されるのは主に下の**国内型１**と**海外型１**の場合です。日本企業では日本語での面接が基本ですが、企業によっては英語のコミュニケーション力を試す意味で英語面接を課す場合もあります。

　　国内型 **１**　　外資系企業の日本法人への就職

　　国内型 **２**　　グローバルに事業展開する日本企業への就職

　　海外型 **１**　　海外での現地企業への就職

　　海外型 **２**　　海外での日系企業への就職

　また、インターンシップに参加するための面接はオンライン面接が主になりますが、就職面接は対面がメインです。そこで、対面面接への対策が必要になります。

グローバル就職のための英語面接対策のポイント

1. 企業リサーチは念入りに

　事前に企業の業務を詳細に調べておくことで、企業側に熱意が伝わります。ただし、外資系企業は日本企業に比べて日本語で探せる情報が少ないので、英語で検索して情報を調べたり、ソーシャルメディアや大学の図書館で出版物を確認したりしておきましょう。企業リサーチの詳細については、英語面接対策

の後に説明します。

2. 時間を厳守する

　面接には絶対に遅刻してはいけません。交通機関の遅延も考慮し、少なくとも30分前には現地周辺に到着できるように余裕を持って行動してください。ギリギリになると精神的にも余裕がなくなるので、会場周辺のカフェで待機するくらいの計画を立てて臨んでください。

3. 外資系でも身だしなみは大切

　アメリカ西海岸の企業だからカジュアルな服装でもいいだろう、などと誤解する人がいますが、大学生が就職面接を受ける際にはリクルートスーツが適しています。派手なスーツやカジュアルな格好は避けましょう。社会人の転職であればリクルートスーツでない方がいいのですが、その場合もグレーや濃紺のオーソドックスなスーツが無難です。海外のビジネスマナーは日本の礼儀作法と違いますが、清潔感と第一印象は大事です。きちんとしたスーツで面接に臨むことは、相手側を尊重しているという意思表示にもなるのです。

4. はっきりと丁寧に話す

　対面での面接、しかもそれが英語でとなると、誰でも緊張するものです。まずは緊張してもきちんと話せるように、自己PRや志望動機などはすらすらと言えるように何回も練習しておきましょう。

　本番では、なるべくはっきりと大きめの声で話すと相手に伝わりやすくなります。難しい単語をたくさん使う必要はありません。例えば、ソフトバンクグループの孫正義氏が英語のスピ

ーチで使用した単語数はわずか1,480と言われています（『なぜあの人は中学英語で世界のトップを説得できるのか──孫正義のYesと言わせる技術』祥伝社、2016）。シンプルな表現でも、プレゼンテーションのテクニックや数字の裏付けがあれば世界のビジネスパーソンに響くのです。インターンシップを経験された皆さんも自信を持って、自分の言葉で話すようにしてください。

5. 質問される内容は決まっている

　1回目の面接対策の項でも述べました（75ページ参照）が、以下の質問は必ずされると考えておいてください。

・Please tell me about yourself.（自己紹介）

・Please tell me why you want to work for this position.
（志望動機）

・Do you have any specific skills or experience to contribute our company?（専門スキルや経験についての質問）

・Do you have any questions or concerns?（質疑応答）

　これらの質問は全て、英文履歴書・英文カバーレターと連動しています。完成した書類を参考に、明確に回答できるようにしておきましょう。

1. Please tell me about yourself.（自己紹介）

　第1章でお伝えした通り、これは自己紹介というよりも自分をプレゼンテーションする場「自己ピッチ」だと考えましょう。

　英文履歴書に記載した具体的な職業経験や事例、学部・専攻・スキルを基に、あなたが先方にとって魅力的な人物であ

ることを伝えていくのです。

2. Please tell me why do you want to work for this position.（志望動機）

これは、志望動機についての質問です。応募先の企業のどういう点が自分の経験にリンクするのかを説明できるようにしておきましょう。そのためには、企業研究を詳細にしておくことと、自分の経験や大学での専門分野をきちんと話せるようにしておくことが必要になります。「給料が高い」「事業規模が大きい」「世界的に有名だ」などといった事柄を口にするのはお勧めできません。この人は企業研究が浅い（＝関心が低い）と見られてしまいます。

3. Do you have any specific skills or experience to contribute our company?（専門スキルや経験についての質問）

この質問では、自分のスキルや経験を応募企業でどのように生かすことができるかが問われています。

英文履歴書の作成についてのところで、ハードスキルとソフトスキルについて説明しました。ここはインターンシップの経験を経て得たスキルについて話すチャンスです。例えば、「自分には○○のスキルがあります。それは、アメリカでのインターンシップで○○を経験して得たものです。御社ではこのスキルを生かして○○の貢献ができます」のように答えます。大学で学んだスキルについて話しても問題ありません。経験とスキルをセットで話すことで説得力が増すのです。

4. Do you have any questions or concerns?（質疑応答）

「何か質問はありますか」と聞かれたときにどのように答えるかが最後の腕の見せどころ（第1章77ページ参照）です。インターンシップへの参加準備をした際と同様に、以下を準備して面接に臨みましょう（下線部分はインターンシップ参加の面接

との相違点です)。

1. 会社のウェブサイト(日本語・英語)を見て事業内容を熟読し、オフィシャルSNSもフォローする。

2. プレスリリースや過去のメディアで話題になったトピックやトレンドを調べておく

3. リサーチした内容を基に、<u>最低10</u>は質問を考える

4. 10の質問の中から、こちらの意欲や目的の伝わる質問を<u>3つ選び出しておく</u>

5. 英語で簡潔に質問できるように練習しておく

　実際に面接でできる質問は2つくらいですが、自分の質問ベスト3を事前に選んでおくといいでしょう。「特に質問はありません」だけは絶対に言ってはいけません。意欲と目的のある質問ができるスキルを身に付けておくことが、世界標準の働き方へとつながるのです。第1章に、その他のよく出る質問についてまとめてあります。十分に練習を積んで、本番に臨んでください。

6. オンライン面接対策

　ここまで対面での面接を想定してお話ししてきましたが、海外就職の場合はもとより、新型コロナウィルス感染症拡大を受けてオンライン面接が増えることも想定されます。オンライン面接に関しては、第1章でも述べた以下のポイントを復習しておいてください。

ポイント

・静かな場所を確保する

・インターネット環境を確認する：インターネットの回線速度を事前に確認する(無料のサイトを検索しておく)

・ヘッドセットを準備する
・オンラインプラットフォームに接続する際、音声および画面
　テストをする
・時差を確認する（サマータイムに注意）。スマートフォンの世界
　時計を使用してもよい
・面接オファーが来たら、時間帯を確認する

　英語面接は緊張すると思いますが、ある意味、流れを想定し
やすく、シンプルな構成であることがほとんどです。落ち着い
て本番に臨みましょう。

企業研究・エントリーシート（ES）作成

　さて、ここまでグローバル就活の仕上げに必要な3つの事柄
として、以下の内容について確認してきました。

・インターンシップの振り返り
・英文履歴書のアップデートと完成
・就活での英語面接に向けた対策（英語面接対策は2回目）

　ここからは、一般の就職活動でも必ず実行する2つのステッ
プ、
　・企業研究
　・エントリーシート（ES）作成
について見ていきましょう。

企業研究

企業研究をする前に皆さんに知っておいてほしいのは、企業をどの角度から検証するかによって、その見え方が違ってくるということです。言い換えると、皆さんがどういう企業に就職したいかという前提条件が、企業研究のデータ抽出に影響を与えることが多いのです。

例えば、安定志向の強い方は、CMなどでよく目にする知名度の高い企業から調べようとするかもしれません。しかし、自分の持っているブランドイメージだけで会社選びをすることはお勧めできません。一般消費者が持つ企業イメージにはバイアスがかかっていて、客観性に欠けることがあります。就職を前提とする企業については、数字（ファクト）ベースでリサーチするようにしましょう。

信頼できる数字とは何か

例えば、大学の図書館には東洋経済新報社の『就職四季報』や『会社四季報　業界地図』という出版物があるだろうと思います。これらの本には企業に関わる数字が掲載されていますが、ここに掲載されている「売上高」「経常利益」などの数字は参考になります。経常利益とは、企業が通常行っている業務の中で得た利益のことです。『就職四季報』には過去3年間の推移が記載されています。また、「時価総額」を確認するのもお勧めです。時価総額は次の計算式で求められます。

時価総額＝株価×発行済株式数

株主たちはその企業の成長を期待して株式を買っているので、今の企業の価値が分かるのです。社会的信用度の高い企業

に就職したいのであれば、時価総額も確認しておくといいでしょう。

　会社の規模だけでなく、市場占有率（シェア）も確認しておくことをお勧めします。誰もが知っている会社ではなくても、ある分野ではシェアが世界でもトップクラスという企業もあるからです。

　このように、企業の数字を確認しておくことは、客観的にリサーチする上で大切なポイントと言えます。

労働環境や年収について

　英語面接対策のところで、面接で労働環境や年収を聞いてはいけないと述べました。しかし、正直なところ、これらが気になる人は多いのではないでしょうか。これらが働きがいを考える上で大切なポイントの一つであることは間違いないでしょう。『就職四季報』には「3年後離職率」という項目があります。数パーセント程度の会社から60パーセント超の会社までさまざまです。「有給取得年平均」という項目も労働環境を知る上での指標となるでしょう。

　日本の給与システムは海外に比べて複雑です。その意味で「平均年収」は比較分析する上で分かりやすい項目だと思います。ただ、年収に外資系企業と日本企業で差があるのは、序章のOECDの国別年収グラフなどからも見た通りです。私個人としては、日本企業を狙うなら、あまり年収にこだわらないことをお勧めします。一般に新卒で年収の高い仕事に就くと、とても負荷のかかる業務を与えられる場合が多いからです。ブラック企業とまでは言わないまでも、肉体的・精神的に相当なストレスを伴う激務も一定数あります。年収を重視するなら、外資系も視野に入れるといいでしょう。ただし、全ての外資系企業で

日本企業よりも給料が高いわけ ではありませんので、ご注意ください。

　海外の企業や外資系企業の給与に関する考え方として、スキルと経験で給与額が決まるというものがあります。採用も職種ごとに行うジョブ型が主流ですので、グローバル就職の種類によって、得られる給料や将来の働き方が変わってくることを覚えておいてください。

外資系企業の企業研究

　外資系企業の日本法人は、前述の『就職四季報』『会社四季報業界地図』などには掲載がないことも多いのです。なぜなら、実はほとんどの会社が上場していないからです。誰もが知るアメリカのグローバル企業でも、日本法人は合同会社であったりすることが多いのです。

　それでは、外資系企業についてはどのように研究すればいいのでしょうか。まず、参考になるのが、東洋経済新報社の『外資系企業総覧』や『米国会社四季報』という出版物です。また、企業のウェブサイトを英語と日本語で確認すること、ソーシャルメディアの情報を確認しておくことも役立ちます。これは日本企業についても言えることですが、大学の先輩や知り合いに応募したい企業の社員がいれば、その人から話を聞くことも有効です。大学の就職課にも確認しておきましょう。

企業研究で確認しておくべきこと

1. 企業の情報

　会社のホームページにある会社概要、『就職四季報』、就職課の情報などで、資本金、従業員数、代表者名、所在地などを確認する。

2. 事業内容

　ホームページの会社概要から、どのような事業に力を入れているかを把握する。

3. 財務分析

　売上高、経常利益などを調べる。

4. 募集内容

　採用対象の職種を確認する。日本企業では一括採用して、ポジションは後日決定することも多い。外資系企業の場合は、job descriptionで確認する。

5. プレスリリースやメディアでの掲載実績

　プレスリリースはホームページに掲載されていることも多い。なければ、「ニュース」「プレスリリース」などの条件で検索して、該当記事を抽出する。英語でも忘れずに検索する。

6. 業界での立ち位置

　業界ランキングや市場占有率（シェア）を確認する。

7. 先輩からの情報

　アンケート調査やソーシャルメディアの口コミを見たり、OBやOGを訪問したりする。

　こうして業界研究を進めることで、市場や企業への知見も向上します。先入観や親世代の意見に惑わされることなく、客観的指標に基づいてリサーチを進めましょう。

エントリーシート（ES）作成

　グローバル就活に限らず、就職活動で必ず提出を求められるエントリーシートですが、ここまで進んでこられた方なら恐れることはありません。エントリーシートは応募者の自己PRや志望動機について企業側に伝えるための書類です。すでに英文

履歴書の作成、英語面接への対策、英文カバーレターの作成を通して、自身のアピールポイントは明確になっているはずです。それらをフォーマットに落とし込んでいけばよいのです。ただし、海外仕様から日本仕様に変更する際にコツがありますので、ここではその点を中心に解説を進めます。

エントリーシートの基本構成

まずは、エントリーシートの基本構成から見ていきましょう。

会社によって多少の違いはありますが、一般的には170-171ページのような構成です。

1. 住所・氏名

住民票の表記に基づいて記載します。○丁目○番○号なども略さずに書きましょう。

2. ゼミ・研究・卒業論文

大学時代に取り組んだ分野や研究について、なるべく具体的に記載します。

3. 資格・免許

公的な資格や免許に関して、その正式名称と取得年月を書きます。

4. 趣味・特技

「趣味」は英文履歴書にはなかった項目です。正直に記載して問題ありませんが、具体的に内容が分かるように分野や数字を交えて記載します。

エントリーシート

記入日　○○年○○月○○日

氏名	フリガナ		生年月日			写真貼付
	E-mail			性別	男 女	

現住所	フリガナ			
	〒		TEL	携帯電話
帰省先住所	フリガナ			
	〒		TEL	携帯電話

出身高校	大学	大学院
高等学校	大学　　学部 学科	大学院　　研究科 (修士・博士)　　専攻

ゼミ・研究・卒業論文　テーマ：

クラブ・サークル活動　クラブ・サークル名：

アルバイト　職種：

資格・免許

趣味・スポーツ

入社後やってみたい仕事をお書きください

大学時代に最も真剣に取り組んできた事柄は何ですか？

当社を志望した理由は何ですか？

あなたの会社選びの基準は？

語学力

海外留学・留学歴

5. 自己PR

　自分の過去の経験を踏まえ、どういう経緯で今に至ったかを明瞭な表現で書いていきます。自分ならではのソフトスキルや特徴も盛り込みましょう。

6. 学生時代に最も力を入れたこと

　いわゆる「ガクチカ」と呼ばれる箇所です。自分らしさを最も表現できる取り組みやエピソードを挙げて、そこでの出来事やそこからの学びや気づきについて記載します。

7. 志望動機

　応募企業で自分がどのような貢献ができるのか、またその理由を詳しく記載します。ここでも自分が何をしたいかではなく、自分を採用すると先方にどのようなメリットがあるかという観点で考えることがポイントです。

　基本的なエントリーシートの構成は、このようにとてもシンプルです。ただ、英語の応募書類とは求めるものが微妙に違う点もありますので、気をつけるべきポイントについて以下に説明します。

エントリーシート作成のポイント
1. 英文履歴書とエントリーシートの違い

　英文履歴書とエントリーシートは、自己PRや志望動機など一見すると記載内容に共通点が多いのですが、この2つの違いを理解しておくことでより精度の高い応募書類が完成します。

　英文履歴書のベースにある考え方は、「自分はこれだけ優秀です」と企業にアピールするための材料だというものです。一方、

日本のエントリーシートには、応募者の内面や人となりを表現するという目的があります。英文履歴書や英語面接では自信を持って具体的に自己PRをするように述べましたが、日本のエントリーシートではより客観的で、相手に分かりやすい表現が求められるのです。2つの違いに対応することは、日本と海外のビジネスカルチャーに適合するという意味で、ビジネスバイリンガルへの第一歩とも言えます。

2. 自己PRについて

エントリーシートの自己PRで重要な要素は、次の通りです。

・**文章構成**

分かりやすい文章を構成するために、結論を先に書くことが有効です。忙しい企業の採用担当者が読みやすいように、冒頭に結論（長所など）を書くといいでしょう。

・**ソフトスキル（ヒューマンスキル）**

英文履歴書のところでもソフトスキルとハードスキルについて説明しましたが、ソフトスキルはヒューマンスキルとも言えます。主に以下のようなスキルのことです。

問題解決能力・コミュニケーション能力・創造性・チームワーク・タイムマネジメント・アクティブリスニング・批判的思考・順応性

これらのソフトスキルは対人関係によって磨かれるものなので、インターンシップの経験なども具体的に絡めながらアピールしましょう。

・**長所と短所**

長所については、ソフトスキルを中心に伝える形で冒頭に配置すると分かりやすいでしょう。短所については、自分は自分の弱点を把握しており、このような対策を行っていると

いうふうに、自己分析ができていることを暗に伝える内容に
するといいでしょう。

・エピソード

　高校時代のエピソードでもいいのですが、できれば大学時
代のエピソードの中から自分の長所につながるものを1つ選
択します。できる限り鮮度の高いエピソードがいいのです。
あまりエピソードの数が多くても内容が薄れてしまいますの
で、注意しましょう。エピソードを説明する際には具体的に
分かりやすく、そこから何を学んだかに重点を置いて書いて
ください。

・一貫性

　自己PRの中で大切なことは、履歴書やカバーレターの内
容と一致していることです。英文で書いてきた内容も今一度
確認しつつ、一貫性のあるように文章を作成しましょう。

3. 学生時代に最も打ち込んだこと (ガクチカ) について

　学生時代に最も打ち込んだことは「ガクチカ」と呼ばれます。
「ガクチカ」のポイントには次のようなものがあります。

・文章構成

　自己PRと同様に冒頭で結論を述べることで、採用担当者
が読みやすくなります。最初に、「私が大学時代に最も力を入
れたことは○○です」と結論を書きましょう。

・エピソード

　ここでは、自己PRのエピソードとは違う内容のものを紹
介します。ここに英文では書けなかった経験やストーリーを
盛り込むことができます。状況説明を長く書くのはよくあり
ません。エピソード中の失敗や困難な状況に対して、自分が
どうやって乗り越えたかの工夫や問題解決の方法、具体的な

数字を交えて成果や実績を記載します。

・**面接で聞いてほしい内容を書く**

　エピソードを書く際には、面接の際に掘り下げて聞いてほしい内容について、端的に述べていきます。エントリーシート内に何らかの記載がなければ、面接官も触れることができません。面接の際にどのような受け答えをするかも想定しつつ、キーワードを盛り込んでいきましょう。

・**なるべく最新情報を入れる**

　これも自己PRと同様に、中学・高校ではなく大学時代のものが望ましいのです。採用担当者は、入社してからの活躍の度合いを予測するための情報を求めています。書かれている情報が古いと、入社後の様子が想像しにくくなるのです。

4. 志望動機について

　英文に比べてエントリーシートの方が文章量が多くなる傾向があるため、志望動機では企業研究の精度がさらに問われることになります。

・**文章構成**

　やはり、結論を先に書く方が読みやすくなります。まず、応募する理由を具体的に書きましょう。

・**企業研究の成果を示す**

　企業研究で調べた内容を基に具体的な事業、分野、製品への知識を盛り込みつつ書くことで、あなたの熱意が先方に伝わりやすくなります。自分の意欲や特性、専門性がどれだけ企業の方向性とマッチしているかについて冒頭に書きます。企業研究は成果が率直に出ますので、さっとホームページを見た程度の知識では相手の人事担当者にはすぐ分かってしまいます。本命の企業については念入りにリサーチすることで

意欲の高さが伝わります。

・**会社への貢献の視点**

　「貴社で○○がしたいから」という一人よがりな志望動機は相手に響きません。この部分は英語も同じですが、自分がいかに応募先の企業に貢献できるのかがポイントです。企業研究の成果とこれまでの経験・エピソードを基に、入社後、どのようにその企業に役立つことができるのかを伝えましょう。

・**エピソード**

　志望動機で書くエピソードは、仕事と直結するインターンシップが有効です。なぜなら、社会人にとって、インターンシップを含む仕事の話は理解しやすい（イメージしやすい）からです。特に、問題が起こった際や壁に当たった際にそれを乗り越えた方法や対応を書いて、志望動機を展開するのがお勧めです。

　日本で就活をするほぼ全ての人が関わることになるエントリーシートですが、グローバル就活を経験した人は英文の応募書類と日本のエントリーシートの両方に対応できるようになります。そのこと自体が、ビジネスバイリンガルの証明になるのです。

グローバル就職の種類

　それでは、グローバル就職の種類について説明していきましょう。グローバル就活の事前準備とグローバル就活の一環としてのインターンシップが終了したら、次のステージはいよいよグローバル就職です。

　序章でもお話しました通り、本書ではグローバル就職のパターンを国内型と海外型の2つに分けています。それをさらに外資系企業・日本企業の2つのパターンを想定して、合計4つに分類します。

フェーズ3 　**グローバル就職**

国内型 1　外資系企業の日本法人への就職

国内型 2　グローバルに事業展開する日本企業への就職

海外型 1　海外での現地企業への就職

海外型 2　海外での日系企業への就職

　本書ではここまで「国内でも海外でも好きなタイミングで働くことができること」を目標に掲げてきました。国内就職だけを検討していた方も、海外就職を視野に入れることができるのです。ただし、新卒で渡航するか、社会人になってから挑戦するかは本人次第です。

　これはグローバルに仕事をしたい方にとって、本当に悩ましい選択肢です。初めて就職をする際にどのように考えればよいのか、これからの時代を見据えて国内就職と海外就職のそれぞ

れの可能性を考察したいと思います。

国内型・海外型のメリット・デメリット

　円安などの為替変動、給与格差、パンデミック、自然災害など
が起こり、一昔前のようにずっと日本をベースにして働くこと
にリスクを感じる時代に変化しています。本書のテーマである
グローバル就活は、日本国内でも海外でもどちらでも働くこと
のできるスキルを身に付けることが前提になっています。スキ
ルがあれば、まず国内企業で働き始めても、好きなタイミング
で海外就職を実現できます。ただし、最初に就職する環境が大
切なことも事実です。グローバル就活を開始する前にまず、自
分は大学を卒業したらどんな環境に身を置きたいかを考えてお
きましょう。国内であれ、海外であれ、就職した環境での経験が
その後のキャリアアップにつながっていくのです。それでは、
国内型と海外型のメリット・デメリットを確認していきましょ
う。

国内型のメリット・デメリット

　国内型のメリットは何と言っても安心感です。日本で生ま
れ育った人は、家族や友人など知り合いの多い「心理的安全性
（psychological safety）」の高い環境にいることで、就職先の仕事
に心おきなく専念できます。赴任地に移住する際も、必要な手
続きは住民票の移転などの事務作業程度で済むので、ストレス
なく社会人に移行できます。就活に際しても、大学のキャリア
センターには日系を中心とする国内型企業の情報が充実してお
り、会社説明会への参加やOB・OG訪問もアレンジしやすいと
いうメリットがあります。

　一方、海外と日本を自由に行き来するライフスタイルを目指している方には、できれば20代の早い段階で、海外で働く経験をしておいてほしいということがあります。日系か外資系かによっても違いますが、日本に長居してしまうと日本式のビジネスカルチャーに染まってしまうリスクがあります。これがデメリットです。海外志向の強い方が国内型を選択するなら、可能な限り外資系企業に就職するか、日系であれば20代後半までに海外就職に移行すれば、その後のグローバルキャリアを展開しやすくなります。

海外型のメリット・デメリット

　海外型のメリットは、生涯を通して役立つグローバルキャリアへの第一歩を踏み出せることです。移住先の国によって言語や文化の違いはありますが、自身のアイデンティティーの確立や海外のビジネススタイルへの適応、現地での人脈形成など、新しい国での仕事の経験はその後の基盤となるでしょう。また、企業にもよりますが、給与面もかなり魅力です。序章で国別の年収のことに触れましたが、OECDのデータによると日本の給与水準はここ30年間ほとんど上昇していない状況です（1990年から2019年で6.2パーセント上昇）。一方、日本以外の先進国の給与水準は格段に上がっています。アメリカでは同じ比較年で53.1パーセント上昇しています。同じ仕事をしても納得感のある年収が得られるので、経済的な心配をせずに人生を送ることができるのです。

　デメリットとしては、いったん海外型に進むと、国内の歴史のある企業や財閥系（三菱、三井、住友など）企業への就職の道がほぼ閉ざされるということです。こうした企業ではほとんど中途採用が行われていないため、新卒から入社することが必要で

す。伝統ある日系企業で働きたい人は、国内型からスタートしましょう。

　2つ目は、世界で最も便利と言われる日本のサービスを享受できないことです。日本のコンビニなどのサービス、またクオリティーの高い日本製品に囲まれた生活をしていると、海外では不便に感じることがあるかもしれません。ただし、これは日本の良い点に気付くというメリットにもつながります。

　最後は、渡航準備に手間がかかることです。渡航前の準備はビザの手配、滞在先や移動手段の確保まで多岐にわたります。渡航先もアメリカ、カナダ、ヨーロッパ諸国、オーストラリア、アジアなどさまざまで、それぞれ必要な準備が異なります。就職先の企業と相談しながら、国や都市、仕事に応じた準備を進めていきましょう。

OECDの国別給与額の変化

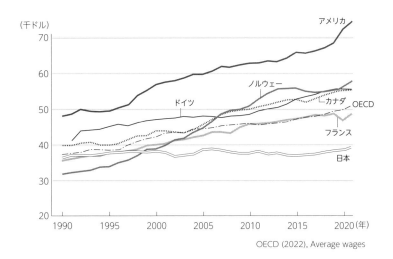

OECD (2022), Average wages

国内型・海外型それぞれの動き方

　さて、ここからはグローバル就職を実現するための最後の仕上げです。国内型・海外型それぞれの就活の際の動き方やボストンキャリアフォーラム、LinkedInなどを活用した就活方法について解説していきます。それでは、まず日本国内での就活、海外での就活の際の動き方を見ていきましょう。

国内型就活の流れ

　まず、国内型就活について述べます。就職活動の流れについては政府主導で取り決めが行われ、2021年3月以降に卒業・修了予定の学生の就活は、大まかに下図のような流れになっています。

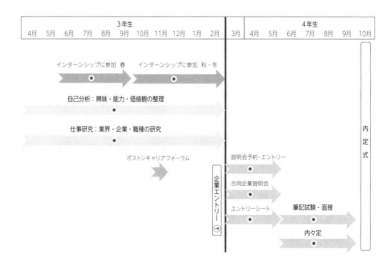

一般的な就活スケジュール（2023年1月現在）

1. インターンシップに参加

　これについては、「第2章　グローバル就活〜内定まで」の「日本国内でのインターンシップ」の箇所で説明しました。日本国内でのインターンシップには、できれば3年生の2月ごろまでに参加しておきましょう。日本のインターンシップには、就職後のミスマッチを防ぐ目的もあり、採用へのスクリーニングを兼ねている場合が多いという特徴があります。

2. 会社説明会に参加

　3月ごろから会社説明会が始まります。事前のリサーチで気になる会社を複数ピックアップし、説明会に参加しましょう。会社説明会には、企業ごとに実施する「単独説明会」と、業界や就職情報サイトが主催する「合同セミナー」の2種類があります。目的に合わせて参加しましょう。

3. エントリーシート（ES）提出

　4年生の4月ごろからエントリーシートや履歴書を提出します。外資系企業にはもう少し早めに受付を開始するところもあります。本章の「インターンシップ後の活動」で解説した内容を基に完成させ、期日に間に合うように提出してください。

4. 面接・筆記試験

　6月から選考が解禁になり、面接や筆記試験が実施されます。今まで自分が経験したインターンシップなどを振り返り、自分のアピールポイントを整理して、自信を持って臨みましょう。実際には、中堅中小企業の選考は前倒しで進行する場合も多いので、早めに情報を収集し、行動するようにしてください。2020年の新型コロナウィルス感染症の感染拡大以降、オンラインでの面接実施も進んでいます。

5. 内定

　10月以降に内定が発表されます。企業が「あなたを採用する予定があります」と事前に伝達するのが内定です。企業側としては新卒の人材を確保する意味があり、学生としては就職が法的にもある程度約束された状態（解約権留保付労働契約が成立）となります。

　同じ内容でも、10月までに採用予定通知として出されるのが「内々定」です。こちらは内定のさらに前段階で、労働契約には至っていない状態です。

　以上が国内での就活の主な流れです。スケジュールやタイミングは年度によって変更される可能性がありますので、ご注意ください。

　実はこの就活スケジュールは、新卒一括採用を前提とした日本企業に適用されるもので、外資系企業への就活はもう少し早い動きとなります。大学3年生の10月ごろに会社説明会があり、本選考が11〜12月ごろ、内定は翌年の1〜3月までに出るような流れです。大学3年生時が勝負となりますので、前倒しでの準備が必要です。

海外型就活の動き

　次に、海外型就活の動きを見ていきましょう。日本の就活のスケジュールについては、大学のキャリアセンターや就職情報サイトの情報ですでに知っている方が多いかもしれません。一方、海外の就活スケジュールについては、情報がほとんどないため、知らない人がほとんどではないでしょうか。それでは、アメリカの企業に就職する場合を例に海外型就活の動き方を見ていきましょう。

通年採用が一般的

　アメリカの企業には、日本のように新卒採用の枠があるわけではありません。採用は通年で実施されています。就活に決められたタイミングやスケジュールがあるわけではないのです。決められたスケジュールがないと応募しにくいように感じられるかもしれませんが、逆に考えれば年間を通して募集があるため、自分の好きなタイミングで応募できるのです。また、日本には大学を卒業するとすぐ、4月に就職する慣習がありますが、アメリカの場合は決まった就職のタイミングはありません。

海外型就活の種類

　海外型就活のパターンには、大きく分けて次の2つがあります。

1. 現地企業（外資系）への就職

　現地企業の通年募集に応募して採用されるパターンです。

2. 現地法人（日系企業）への就職

　日系企業の現地法人による現地採用枠で採用されるパターンです。

　どちらの場合も、日本の新卒一括採用とは違う現地ルールでの就職活動となります。

海外型就活の流れ

1. エントリー

　海外で多いのが、ウェブサイトから応募する方法です。ホームページに人材募集情報が掲載されるケースや、キャリアフォーラムなどで募集されるケースがあります。これらの場合、企業へのエントリーはオンラインで行います。

インターンシップを経由して採用に至るケースもあります。気になる企業があり、現地でインターンシップに参加できる場合、そこで実力を見せることができれば採用を勝ち取ることができます。

また、企業の採用担当者や就業希望部署の責任者などが特定できている場合には、そういう人たちに直接コンタクトする方法もあります。

また、新卒採用よりも中途採用の場合に多いのですが、公募前に「いい人がいたら紹介して」と口コミで募集をかける場合があります。いわゆるスカウト的手法ですが、自分が就業を希望する業種・業界の専門家や企業の人事担当者と個人的に交流しておき、そういう人たちに「こういった企業を探しています」と前もって発信しておくと、声がかかる可能性もあります。これは、紹介を重視する海外の企業ならではの動きと言えます。

・エージェントに依頼する

就職を専門とする現地のエージェントに依頼する方法です。国によっては日系の人材紹介会社もあり、登録すると現地の最新情報を幅広く得られるというメリットがあります。

2. 英文履歴書の提出

オンラインでエントリーが終了したら、次にオンラインで英文履歴書を提出します。これまでに行ったグローバル就活の事前準備やインターンシップ後の活動の中での準備と基本的には同じ流れです。

3. 面接

英文履歴書を提出した後、英語での面接があります。現在は、

オンラインプラットフォームを活用したオンライン面接が主流
になっています。アメリカは国土が広いため、外国人に限らず、
アメリカ在住者との面接もオンラインで行われるケースが多い
のです。そのため、日本よりもオンライン面接が進んでいます。
オンライン面接であれば日本で受けることができますから、日
本国内で就活を進めることも可能です。英語面接の流れは、海
外インターンシップの面接を受ける流れと同様です。インター
ンシップ経験者は、落ち着いて面接に臨みましょう。

海外型就活の注意事項

　海外での就活では、日本での就活とは違い、気をつけるべき
ポイントがいくつかあります。ここで、押さえておきましょう。

1. 就労ビザ

　海外で働くには、専門の就労ビザが必要です。例えば、アメリ
カの場合だと H-1B（特殊技能職）ビザ、L-1（企業内転勤者）ビザ、
O ビザ（科学、芸術、教育、ビジネス、スポーツにおける卓越した能力
の持ち主など）などの取得が必要になりますので、内定先の企業
と事前に確認しておきましょう。申請から取得まで時間がかか
ることもよくありますので、就職のタイミングもそれを加味し
て決定する必要があります。また、アメリカにはインターンシ
ップに参加するためのビザとして J-1（交流訪問者）ビザがありま
す。このビザがあれば、大学生はインターンとして、社会人はト
レイニーとして職務研修に参加できます。

　近年、海外の就労先として人気を集めているのが、オースト
ラリアとカナダです。両国ともに外国人の移民を広く受け入れ
ていて、アメリカに比べて就労できるビザの選択肢が豊富なた
め、就労ビザや永住権の取得に向けて動く人が増加しています。

　なお、ビザに関する規定はどの国も頻繁に変わります。大使館などのウェブサイトで常に最新情報を確認すること、またビザの専門家に相談することをお勧めします。

2. 滞在先

　せっかく就職が決まっても、滞在先が決まらなければ落ち着いて仕事に集中できません。住宅手当や社員寮のある日本企業に就職する場合とは違い、海外での就職では自分で滞在先を確保する必要があります。ただし、多くの場合、企業の採用担当者に滞在に関する相談ができます。過去の海外からの応募者が住んでいる地域や滞在先、交通事情などについては事前に確認しておきましょう。最終面接などで現地入りする場合は、滞在先の候補も忘れずに訪問しましょう。その際、部屋を確認するだけでなく、周囲の治安、最寄りの駅やバス停の場所など、実際の現地生活を想定して視察してください。

3. スピード感

　これは海外型就活の長所でもあるのですが、エントリーから内定、就職までの期間が短いという特徴があります。企業が人を採用したいタイミングで募集をかけるため、なるべく早く来てほしいという要望が背景にあるからです。例えば、応募してから1カ月以内で内定が出て、できる限りすぐに働き始めてほしいと言われるケースもあります。内定まで半年かかることもある日本の就活のスケジュール感と比較すると、圧倒的にスピードが速いのです。

4. 雇用条件

　海外就職では、特に現地企業（外資系）となると好条件のもの

が多いのですが、中には給与額が低い、業務内容が厳しいなどのケースもあります。現地の人でさえ就職難にある状況であれば、外国人が採用を勝ち取ることは簡単ではありません。また、即戦力を求める海外では、雇用条件はその人の経験とスキル、学歴によって決まってくるのです。

5. 学歴重視の場合も

　グローバル就活では「経験が大切」とお話ししたのですが、アメリカやカナダ、オーストラリア、イギリス、シンガポールなど専門性を重視する英語圏の海外型就活では、学歴（education）も重視される傾向があります。シンガポールのように就労ビザの取得条件として大学卒業資格を求めてくる場合もありますので、大学を卒業することが学歴の上でもポイントとなります。

　海外就活で気をつけるべきポイントは以上です。このように注意事項はありますが、オンラインでの英文履歴書提出、英語面接など、日本にいながらにして就活の大部分を進められるので、海外型就活を国内型就活と並行して進めることもお勧めです。

日本と海外との就職方法の違い

　参考までに、日本と海外の就職方法の違いについて述べておきましょう。日本では新卒の採用方法として、世界でも珍しい「新卒一括採用方式（メンバーシップ型雇用）」を採用しています。大学生活の終盤に、多くの企業がほぼ同じタイミングで採用活動を始める就職スタイルを、われわれは当たり前のように思いがちです。ただ、これは世界の中では非常に珍しく、日本固有の

就職スタイルと言えるのです。

　メンバーシップ型雇用は、終身雇用を前提に導入された雇用制度です。総合職で人材を採用し、人事異動で配置転換（ジョブローテーション）しながら、社員に経験を積ませていく仕組みです。勤務先の命令で転勤したり、所属が変わったりしていくのですが、長く勤めていると経験値も上がり、職位や年収も上がっていくため、人事異動について不平を言わず、前向きに捉えていく風潮がありました。大企業を中心に終身雇用をベースにする企業には、年功序列の考え方がまだ残っています。年功序列とは、勤続年数によって職位が上がり、給与も上がっていく仕組みです。

　一方、海外には「成果主義」という考え方があり、年齢に価値があるとはあまり考えられていません。韓国にも年功序列の考え方はありますが、成果主義とミックスされていて、日本ほど強くないのが実情です。年齢にかかわらず、成果を上げれば認められ、出世できるのが、海外では一般的なのです。

　では、海外の採用方法の背景にはどのような考え方があるのでしょうか。日本の雇用がメンバーシップ型中心であるのに対して、海外の雇用は「ジョブ型」と言われます。例えば、大学でマーケティングを学んだ学生が食品メーカーのマーケティング部門に就職し、3年後に教育団体のマーケティング部門に転職するといったように、自分の専門性を基にキャリアアップしていく形です。部門の長が人事権を持っている場合も多く、いかに特定の分野の経験を積みながら自分の専門性を高めていくかがポイントとなります。例えば、GAFA（Google、Apple、Facebook、Amazon）に代表されるようなアメリカ西海岸のIT企業などでは、年齢や性別、肌の色といった属性よりも、その人自身の能力や成果が人事評価につながるのです。近年、シリコン

バレーでインド出身のCEOが複数誕生し、注目を集めていることからもそれが分かります。マイクロソフトのサティア・ナデラ氏、アルファベットのスンダー・ピチャイ氏と、まさにインド人エグゼクティブ全盛と言っても過言ではありません。活躍の背景にはさまざまな要素がありますが、能力が高ければ、異なるバックグラウンドを持っていても出世できるのが、アメリカを中心とした海外のジョブ型雇用の特徴なのです。

ボストンキャリアフォーラムを活用する

ボストンキャリアフォーラムとは

　ボストンキャリアフォーラム（Boston Career Forum、通称：ボスキャリ）とは、1987年に始まった日英バイリンガルのための就活イベントで、毎年11月にアメリカ・ボストンで開催されます。巨大IT企業や、コンサルティング、金融、製薬、食品などの分野の日本や外資系のグローバル企業が200社以上参加する世界最大級のイベントで、グローバル就職を目指す方には就職の絶好のチャンスです。3日間という短期間ですが、事前応募やウォークイン（関心のある企業ブースに履歴書を持ち込むこと）をすることで、面接のみならず、内定にまで至るケースもある短期決戦です。

参加条件

　では、このボスキャリに参加するためには、どのくらいの海外経験や留学経験が必要になるのでしょうか。ボストンキャリアフォーラムのサイトによると、参加対象者は日本語・英語両方でビジネスを行える語学力を身に付けている日英バイリンガルの方、そして以下のいずれかにあてはまる方です。

・海外の大学・大学院を卒業予定、またはすでに卒業している

・日本の大学に在籍し、交換留学中である

・現在働いているか職務経験を持っている

　参加企業が求めている人材は、実際にはBachelor's Degree, Master's Degree, Doctor's Degreeなどの学位を保持している学生と言われています。例えば、1年以上の留学経験があっても、それが語学留学やワーキングホリデーだと苦戦するでしょう。

　ただし、海外の大学・大学院に進学していない学生には全くチャンスがないのかと言えば、そうでもありません。例えば、以下のように留学経験と海外インターンシップを組み合わせた経験があるとアピールになります。

例1：

交換留学1年間＋海外での実践型インターンシップ5週間

　・大学の協定校（英語圏）への交換留学1年間とアメリカでのビジネスインターンシップを5週間経験

例2：

アカデミック型インターンシップ1年間

　・アメリカの大学で2学期間ビジネスを学び、残りの1学期間にインターンシップを経験

参加までの流れ

　ボスキャリに参加する方法は、事前エントリーと、ブースに自分の履歴書（英文・日本文）を当日持ち込むウォークインの2種類があります。それぞれの一般的な流れを以下に紹介します。

事前エントリー

1. サイトよりエントリー
2. レジュメ（英文履歴書、和文履歴書）の準備、提出
3. レジュメ審査
4. オンライン面接
5. 面接審査
6. ブースでの対面面接（日本語もしくは英語）
7. 面接審査
8. 2次面接（日本語もしくは英語）
9. 面接審査（企業によっては3次面接、最終面接と続く場合あり）
10. ディナー
11. 内定

ウォークイン

1. イベント初日（金曜日）に会場入り
2. ブースで履歴書を提出
3. 連絡があれば面接
4. 面接審査（企業によって2次面接、最終面接、ディナーと続く場合あり）
5. 内定

いずれにしても3日間のうち、最初の2日間で決まってしまうことが多いので、前半が勝負です。興味のある企業には事前に応募しておき、空き時間に余裕があればウォークインで気になった企業ブースを訪ねてみましょう。

ボスキャリ参加のメリット

グローバル就活準備を進めてきた皆さんは、ボスキャリとの

相性は抜群です。以下に、具体的なメリットを説明していきましょう。

1. グローバル就職の可能性が高い

　これだけ多くのグローバル企業が一斉に集まる就活イベントは他にあまりありません。企業はコストをかけてイベントに参加しています。実際には、参加企業の90パーセントが日本の企業で、採用担当者らがグローバル人材を求めて日本から派遣されてきます。採用する気十分なので、通常の面接に比べて採用される可能性が高いのです。

2. 準備はグローバル就活の事前準備と同じ

　ボスキャリに参加するために準備するものは、実はグローバル就活で事前準備するものとほぼ同じ——英文履歴書と和文履歴書の作成と、英語と日本語での面接対策です。皆さんはグローバル就活の事前準備の段階でグローバルマインドセットも身に付けていますので、さらに一歩先まで準備していることになります。

3. 人事担当者との心理的距離が近い

　前述の通り、基本的に日本の企業の採用担当者が、日本から会場まで出張してきています。ホームを離れていることもあって、参加者の学生たちとより心理的に近い状態になりやすいのです。そのため、学生は質問がしやすく、自分の思いを率直に伝えることができるので、その後のネットワーク作りにつながったり、自分の経験値が上がったりするのです。自分の名刺を作って持っていくと、名刺交換につながり、お礼メールや次のアクションにもつながっていくのでお勧めです。

4. 学生同士のネットワークも

　ボスキャリに参加する学生は、海外での留学経験がある学生ばかりです。イベント中に出会い、一緒に食事をしたりすることで、学生同士のネットワークが広がります。こうしてできたネットワークを通して、グローバル就活中も有意義な情報交換ができるでしょう。

5. グローバル就活のレベルが上がる

　ボスキャリへの参加企業は名だたる一流企業ばかりです。海外経験が豊富な学生と会場で切磋琢磨することで、自分のグローバル就活のレベルを引き上げることができます。グローバル就活準備を進めてきた力試しと位置付けてもいいでしょう。

　ボスキャリの開催地は現在ボストンだけではなく、ロサンゼルス、東京、京都、ロンドンへと広がっています。オンラインでの就職イベントもありますので、就職希望先に合わせて参加するといいでしょう。最後に、ボスキャリのウェブサイトを載せておきます。

バイリンガルのための就職・転職サイト
CareerForum.Net（https://careerforum.net/ja/）

LinkedInを活用する

LinkedInはビジネス特化型SNS

　皆さんはLinkedIn（リンクトイン）というSNSをご存じでしょうか。日本ではまだあまり知られていないかもしれませんが、ビジネスに特化したメジャーなSNSで、ユーザーの国籍は世界200カ国以上、その数は8億7,500万人（2022年12月現在）に上ります。

　欧米では、企業や組織、個人ともにLinkedInのアカウントを持っていることは当たり前です。LinkedInを通して仕事に関するプロフェッショナルなネットワークを構築したり、転職のオファーを受け取ったり、気になるビジネスパーソンや企業の情報をリサーチしたりと、さまざまな使い方ができます。

　LinkedInと同様に、実名で使用するSNSにFacebookがあり、こちらも企業がページを作成していることがあります。ただし、Facebookはパーソナルな投稿や人とのつながりで使用するのが主なのに対し、LinkedInはプライベートな投稿よりも仕事上のパフォーマンスや成果などを披露するプラットフォームという意味合いが強く、また、会ったことがない人とも安心してつながることができる安全性があると言われます。例えば、あなたが大学生で気になる企業がある場合、その企業のページをフォローしたり、またそこで働いている人とつながったりすることで、就活を通さずにインターンシップや採用の機会が生まれる可能性があるのです。

グローバル就活とLinkedIn

　LinkedInは社会人のものというイメージが強いかもしれま

せんが、グローバル就職を目指す大学生は絶対参加した方がいいと断言できます。下にその理由を挙げていきたいと思います。

1. グローバル就活との相性が抜群

　実はLinkedInはグローバル就活との相性が抜群に良いのです。プロフィール情報を充実させることで、企業から直接アプローチが来ることがあります。インターンシップや説明会、面接のオファーなどの連絡が採用担当者から入ることがあるのです。

　外資系企業への就職を考えている人であれば、すでに作成済みの英文履歴書やインターンシップでの経験をアップしておくことで、企業から注目される可能性が高まります。今までグローバル就活準備で準備してきたものがそのまま活用できますので、やらない手はありません。

2. 先行者利益がある

　海外では絶大な人気のあるLinkedInですが、国内ではユーザーが300万人（2021年12月）と、他のSNSに比べてまだそれほど利用者が多くありません。その分、登録しておけば、まだ登録していない学生よりも優位に立つことができます。外資系企業やグローバル企業の多くはLinkedInのアカウントを持っており、ユニークな人材を探しているからです。

　この本を読んで、初めてLinkedInのことを知ったという人は、早速今日中にアカウントを作成することをお勧めします。

3. グローバルなビジネスパーソンとつながることができる

　グローバルに働くビジネスパーソンは、高確率でLinkedInのユーザーです。LinkedInでならよくメディアで見かける著名な人をフォローできますし、ひょっとするとつながれる可能性

もあります。

　相手と運良くつながれた際には、英語でも日本語でもしっかり自己紹介をして、自分が相手に何を望んでいるのか、丁寧に趣旨を伝えることが大切です。ふだんは忙しいビジネスパーソンでも、大学生のような若者を応援したいというマインドを持っている人は一定数います。今すぐにグローバルビジネスのネットワーキングを始めましょう。

4. 企業研究にも活用できる

　LinkedInは企業をリサーチするときにも大活躍します。まずは、企業のページを見てみてください。会社のパンフレットやホームページには、オフィシャルで規模の大きいニュースしか掲載されないことがあります。しかし、LinkedInには、その企業のホームページやプレスリリースにはまだ出されていない情報や写真が投稿されていることもよくあります。パンフレットやホームページよりももう少し詳細な情報が投稿されますので、その企業をより深く知ることができるのです。また、その会社に勤めている人でより役職の高い人をフォローすれば、その会社がどういうことを考えているのか、何を重視しているのかを投稿から読み取ることもできるのです。

5. 英語と日本語両方での投稿ができる

　LinkedInの長所として、英語でも日本語でも投稿できるということが挙げられます。例えば、国内の日系グローバル企業に就職を希望する場合は、日本語での投稿をメインに、海外の外資系企業を目指しているなら英語での投稿をメインにするなど、自分の目指すターゲットに合わせて内容をカスタマイズできるのです。

　アカウントのプロフィールも同様です。2つの言語で作成できるので、日系・外資系両方への効果的なアプローチが可能です。

6. 見るだけでも十分効果がある

　忙しい就活生で、いちいち投稿するのが面倒だという人でも大丈夫です。実はプロフィールをしっかりと作成し、きちんと意図のある投稿をいくつかアップしておけば、基本的に見るだけの人であっても、先方の企業からオファーが届くことがよくあります。例えば、魅力的なプロフィールを作成しておくことで、自分の専門性に関連する企業の担当者からインターンシップの誘いが来ることも珍しくありません。

　SNSに実名でプロフィールを詳細に記すことに抵抗がある人も多いのではないかと思います。実は、私自身もそうでした。しかし、TwitterやInstagramなどといった匿名を前提とするSNSとは違い、ユーザーの多くがビジネスパーソンのLinkedInでは、自分の経験やスキルを公開することで、ネットワークを築ける可能性が格段に上がるのです。

　どうしても心配だという方は、段階を経て少しずつ掲載する情報を増やしてもいいかと思います。いずれにせよ、グローバル就職を希望する皆さんには、ぜひチャレンジしてもらいたいSNSです。

LinkedInの始め方

1. アカウントの作成

　まずはLinkedInのホームページ（https://www.linkedin.com/）でアカウントを作成します。メールアドレスとパスワードの登録、居住地、会社名（学生の場合は「私は学生です」を選択）、写真を

登録します。写真は日本の履歴書に貼るような、なるべくビジネス感のあるものにしましょう。

2. プロフィールの設定

プロフィールは複数の言語で設定できます。グローバル就活準備をすでに終えている方は英語でも作ることができるでしょう。

3. ヘッドライン

ヘッドラインは名前の下に記載する情報で、最も注目されるものです。社会人の場合は、会社名、役職、会社の事業内容やサービス内容、過去の経歴などのコンテンツを入力しておくのですが、大学生の場合はシンプルに大学名と学部だけでも大丈夫です。

ただ、グローバル就活準備を経てきた皆さんは、「2022年シリコンバレーで5週間インターン経験」や「2020年○○ビジネスコンテスト優勝」など、キャリアに関連する経験や業績を記入しておくと目立ちやすくなります。LinkedInには詳細なプロフィールを入力する箇所が別にあり、ヘッドラインではサマリーを見せます。

4. 自己紹介

これまでの職歴、業績、スキルを入力します。これは、作成済みのエントリーシートから抜粋してもいいでしょう。学生時代の経験が一目で分かるように、具体的に書いてください。英文なら、英文履歴書のサマリーに準じる形で簡潔に書くといいでしょう。

5. 職歴・学歴

　学生時代のインターンシップの経験はここに入力します。ここに会社名を入力しておくと、同じ会社の同僚もすぐ見つけることができます。学歴に関しては、大学以上の学校名を入力してください。

6. 資格・スキル

　履歴書に記載している資格はここにも入力しておきましょう。スキルに関しては、自分が保持していて最もアピールできるものをいくつかピックアップして入力します。

7. 参加プロジェクト・受賞歴

　今までに参加した、もしくは参加中のプロジェクトを入力します。記入する項目はプロジェクト名、開始日、終了日、URL、説明文です。受賞歴があれば、その詳細を入力します。

　プロフィールが完成したら、次は実際にLinkedInを活用していきましょう。

LinkedInの活用法

1. 企業リサーチ

　まずは、企業リサーチです。気になる企業のページを検索してみましょう。ページが見つかったら、どのような投稿がされているかをチェックします。公式サイトに書かれている情報に比べて、投稿されている情報が少し身近なものに感じられるのではないでしょうか。

　またLinkedInの最大のメリットは、その企業で働いている人が実名でページを公開していることです。そこに所属している

人のプロフィールを見てみましょう。企業のページから「ユーザー」を選択すると見ることができます。

　そこからは、これから皆さんがグローバルキャリアを構築していく上で、ヒントになる要素がたくさん読み取れるはずです。海外経験はどうか、学歴はどうか、どのような資格を持っているのか、何歳くらいの社員が多いのか、社員はどのような経歴を持っているのかなど。会社のリアルな姿が見えてくるだけでなく、自身の参考になるポイントがいくつも見つかるはずです。

2. フォローし、つながりを申請

　LinkedInでプロフィールが完成すると、お勧めのグループや個人を提案してくれます。気になる人がいたら、どんどんフォローしていきましょう。同じ大学のOB・OGや興味のある分野の経験を持つビジネスパーソンなど、自分はまだ大学生であってもつながり申請を送ることは可能です。他のSNSとは違い、面識のない相手であっても自分の職務と関連性があったり、コンタクトしてみたいという意思があったりすれば、比較的申請を出しやすいのです。もちろん受理されるかどうかは相手次第ですが、つながりができるとダイレクトメッセージ（DM）をやりとりできるので、企業訪問など次のアクションにつながりやすいのです。

　メッセージを送る際には、自己紹介とともに、一度会って話を聞きたいという旨を丁寧に書いて送ります。英文メールを送るなら、「第1章　グローバル就活の事前準備」の中で紹介した英文Eメールの書き方を参考にしてください。

3. ヘッドラインを活用して声がかかるのを狙う

　ヘッドラインの効果的な使い方の一つとして、自分がグロー

バル就職の新卒者採用情報を探していること、もしくはインターンシップを探していることなどを記載しておくことで、企業から声がかかることがあります。必要な情報を一度入力してしまえば、後はひたすら待つだけなので簡単です。グローバル就活中は、準備の進度に合わせて、常に内容をアップデートしていくようにしましょう。

　以上、LinkedIn の活用法をいくつか紹介しました。スマートフォンのアプリを使ってすぐに実行できますので、就活中の隙間時間や移動時間を活用して使うのもいいと思います。社会人になってからも使えるビジネス特化型 SNS ですので、ぜひ使い始めてみてください。

海外インターンのトラブル、どうすれば防げた？

　グローバル就職を目指す大学生にとって、留学するか海外インターンシップに挑戦するかは悩ましい問題です。海外インターンシップという言葉自体、10年前まではほとんど聞く機会のないものでしたが、近年は夏休みや春休みに参加できる短期型インターンシップが実施されたり、大学の単位認定プログラムの充実が進んだりした結果、海外インターンシップが学生の選択肢の1つとなっています。ただし、海外インターンシップが増加する一方で、留学と違ってその内容がイメージしにくいことなどから、トラブルも増加しています。ここでは、通常の参加説明会ではあまり話されないような内容も含め、海外インターンシップでのトラブルと、そこから学べるポイントを紹介したいと思います。

❖ケース1

Mくん（大学2年生 商学部）
「英語を使う機会が全くない」

　関西の私立大学に通うMくんは、メーカーの海外事業部に勤める父親の影響もあり、大学卒業後は海外で働きたいと考えていました。1年生の夏休みにカナダでの語学留学を経験した彼は、2年生では海外インターンシップに挑戦したいと考えました。

　大学内の掲示板に貼ってあったポスターを見て、Mくんはアメリカ・ロサンゼルスでのインターンシップに応募しました。結果、昨年の留学経験もあり、見事に参加条件をクリアすることができました。

　しかし、実際に参加してみると、インターンシップと言っても日本語でのビジネス研修がメインで、ホストカンパニーも現地の日系企業。残念ながら、英語を使用する機会はほとんどありません。研修がほぼ日本語で行われるということは事前に聞いていたのですが、海外インターンシップでは英語力次第で英語での仕事環境もありうると聞いていたため、全く英語を話せないことに不満を募らせる結果となってしまいました。

　彼が実際に行った業務内容を客観的に見てみると、書類作成やデータ入力以外にも会議に参加したり、スーパーバイザーからアドバイスを受けたりと、学生インターンとしては十分なものでした。海外の職場では、「日本語が話せること」も立派なスキルと見なされます。そのため、日本に関連したタスクを担当したり、現地の日本人スタッフと一緒に働いたりすることはよくあることなのです。

　結果的に英語で働く環境を求めていたＭくんと、インターンの研修内容のミスマッチとなってしまいましたが、インターンシップは英語を学ぶ場ではなく、職業経験を積むことができる場と理解しておいた方がいいでしょう。海外のビジネスシーンでは、英語はコミュニケーションのツールであり、話せることが当たり前という基本的な考え方があります。会社や業務によって英語を使う頻度は異なりますので、事前に確認しておくことも大切です。

　日本のインターンシップには、短期だと数日〜 1 週間くらいのものが多くあります。近年は、海外でのインターンシップにもこのケースのような 1 週間くらいのビジネス研修型が増えてきています。

❖ケース2

Oさん（大学3年生 文学部）
「インターン先が決まらない」

　これは、ホストカンパニーとのマッチングが難航した例です。東京の私立大学に通うOさんは英文学を専攻する3年生。小学校時代に親の仕事の関係でロンドンに住んでいたこともあり、TOEICテストでは900点オーバー。将来は広告業界で活躍したいと思い、イギリスでのインターンシップへの参加を決意しました。英語力には問題ないため、スムーズに受け入れ先が決定すると思いましたが、ここで思わぬ苦戦を強いられることになりました。

　Oさんの希望はロンドンの広告関連企業でのインターンでした。しかし、彼女が文学部の学生であることから、広告業界はもとより、その他の業種の会社からのオファーも全く来ません。このままでは厳しいということで、英文履歴書を見直し、日本でのインターンシップの経験やアルバイトの実績も盛り込んで再チャレンジしました。ビザの申請があるため、さすがに焦りが出てきた頃、ロンドンのNPO法人からスカイプ面接の連絡が入り、ようやく受け入れ先が決定しました。

　英語力の高い日本の大学生は文学部や外国語学部に所属することが多いのですが、海外インターンシップを希望すると、ホストカンパニーのマッチングに苦労するケースが見受けられます。海外就職の場合も同じですが、海外の企業は採用する際にその人の所属する学部・専攻もしくは職務経験と、受け入れ先での業務内容との関連性を重視します。今回のOさんのように、英語力が高くても文学部で学ぶ学生は、ビジネ

ス系のインターンシップに参加しようとしてもなかなか受け入れ先が決まらないことがあるのです。

　私の意見としては、海外で働く第一歩として、まず自分の大学での学部や専攻分野に関連性のある受け入れ先で職業経験を積み、その次のステップで自分が希望する分野に挑戦すると良いと思います。また、海外インターンを扱うエージェントによって、参加条件や案内方法が違いますので、個々に確認することをお勧めします。

✤ケース3

Aくん（大学2年生 工学部）

「まさかの入国拒否」

　最後に、ビザでトラブルになった例です。関西の国立大学に通うAくんは、将来、シリコンバレーで起業したいという夢があり、現地のIT企業での短期インターンシップに参加することにしました。英語力にはあまり自信がありませんでしたが、高校生の頃からプログラミングが得意で、ITの知識には自信がありました。Aくんはまず、英文履歴書の作成に取り掛かりました。

　海外の企業が人を採用する際に重視するポイントは、education（学部・専攻）とwork experience（職務経験）の2つです。理系のインターンシップ面接では、上記の他にskill（特技・技能）も重要なアピールポイントです。英文履歴書の中にプログラミングができるとか、C/C++ 、Java、JavaScript、PHPなどの具体的なプログラミング言語を書いておくとさらに説得力が増します。

　ホストカンパニーの決定に至るまでには、通常、ホストカンパニーとのマッチングが決まり、スカイプでの面接に合格する必要があります。Aくんも英語力アップと面接練習に取り組んだ結果、何とか3カ月で自己紹介のレベルから自己PRのレベルまで上げることに成功し、1社目で見事に合格となりました。

　ところが、晴れて渡航という日に思わぬハプニングが起こります。入国審査の際に「入国の目的は？」という審査官の質問に対し、Aくんは「インターンシップに参加するため」と回答をしたところ、別室に呼ばれ、「ビザを持っていないので、入国は許可できない」と言われてしまいました。

　実は、アメリカではインターンシップに参加する場合には正式には「J-1（交流訪問者）ビザ」などの専用のビザが必要となります。今回は電子ビザ（ESTA）で入国しようとしたため、問題になってしまったのです。

　入国審査やビザの問題は非常にデリケートで、一度問題になると履歴が残り、今後の渡航の際にも問題になりやすいので、注意が必要です。残念ながら、Aくんはアメリカでのインターンシップを断念し、エージェントが急遽手配したシンガポールでのビジネス研修に参加することになりました。

　どの種類のビザを取得して海外インターンシップに参加するかは、とても重要な要素です。実際のところ、インターンシップの内容も本格的な就業に近いものからケース1のように研修型のものまでさまざまですので、事前に情報を確認してから参加しましょう。

コラム

海外インターンシップは
本当に就職に有利か

　海外インターンシップを目的とした日本からの渡航先は、英語圏のアメリカ、カナダ、イギリス、オーストラリア、ニュージーランドなどが主流ですが、その内容はさまざまです。インターンシップと一口に言っても、その実情は語学研修の延長だったり、アルバイトに近いものだったりすることも多いので、自分の目的に合わせて、参加するインターンシップ（とビザの種類）を慎重に選ぶ必要があります。

　ここで、文系と理系の大学生計2名のインターンシップの実例を見ながら、海外インターンシップのメリットとデメリット、就職活動における効果を考えたいと思います。

✤ケース1
Sさん（アメリカ・サンフランシスコ）文系大学生

参加の経緯
　大阪にある大学に通うSさんは、外国語学部で学んでいます。高校時代にニュージーランドに1年間留学した経験があり、将来は英語を使った仕事に就きたいという願望があります。マーケティングに関心があるものの、まだ具体的には将来の希望を定めずにいた頃、同じ学部の先輩に勧められて2年生の夏休みにサンフランシスコでのインターンシップに挑戦することにしました。ビザのスポンサー団体が行う事前の英会話チェックは難なくクリアし、インターンシップ用のJ-1（交流訪問者）ビザ取得に向けて、英文履歴書の作成やホストカンパニーの選定準備に移りますが、ここで苦戦すること

になりました。英語力には問題なかったのですが、なかなか
ホストカンパニーとの面接に至りません。

参加準備

　実は、海外の企業はインターン生を選考する際に、まず
は英文履歴書での書類審査をすることが多いのです。そ
の際に重視されるポイントは、大学生の場合、「学部・専攻
（education）」「職務経験（work experience）」の2つです。特に
学部・専攻が大切なのですが、Sさんは外国語学部で学んで
いるため、ビジネス系のポジションには採用されにくいとい
う落とし穴があったのです。幸い、Sさんは国際協力の授業
を履修していて、東北でのボランティア経験もあったため、
オンラインでの面接の結果、現地NGOでのインターンシッ
プが決定しました。文学部や外国語学部の学生でマーケティ
ングやマネジメントなどといったビジネス系のポジションを
希望する方は、希望する職種に関連するようなアルバイトを
したり、授業を選択したりしておくといいでしょう。

期待と合わないインターンシップ業務

　Sさんは日本とアメリカの文化的架け橋となることを目的
としたNGOに、マーケティング・アシスタントという立場
で採用されました。期間は6週間です。とはいえ、最初の1週
間はひたすらデータ入力のみで終わりました。
　「どうしよう。このままではマズいな。」コミュニケーショ
ン能力を上げたいという思いで参加したので、Sさんは焦り
と危機感を感じたそうです。上司に相談すると、自分に何が
できるのかについて案を出してほしいと言われました。その
週末は出かけることなく、月曜日のミーティングに向けて企

画書の作成に没頭し、何とか Word にまとめました。

打開策を提案

　彼女が提案したのは、団体のブログで日本との関わりのある会社にインタビューし、その取り組みを紹介するというものでした。ミーティングでの発表の後、上司からはそのプロジェクトの進行を任され、翌日から早速スタートしました。まずは該当する企業をリサーチし、リストアップしていきます。次に企業に電話をかけて、アポ取りに挑戦しましたが、S さんはここで再度壁に当たりました。アポを取るどころか、全く相手にされなかったのです。1 件もアポが取れないまま 3 日間が過ぎた頃、ようやく 1 件受け入れてもらえました。運良く翌日に訪問できることになり、先輩社員と一緒にインタビューを実施、記事にまとめてサイトにアップしました。すると、社内でも好評で、上司からも Good job! と初めて褒められました。

参加して感じたこと

　海外ではよく「仕事は与えられるものではなく、自分で勝ち取るもの」と言われますが、S さんも初めてその意味が分かったと言います。ミーティングで自分から提案し、結果を出したことで周囲からの評価も上がり、うまく仕事が回り出したそうです。

就職活動

　S さんはその後、3 年生の夏休みに日本企業でのインターンシップも経験しますが、日本と海外それぞれの「仕事のスタイルの違い」や「どうやって困難を乗り越えたか」を就職の

エントリーシートや面接の際にアピールしたことで、他の学生との差別化ができたと言います。結果、第1希望だった大阪に本社のある食品メーカーから内定を勝ち取ることができました。

就活ルート
海外インターン（サンフランシスコ）→食品メーカー（マーケティング）内定

【専門家が考える成功のポイント】

●どのインターンシップに参加するか

Sさんの場合、将来は英語を使って働きたいという漠然とした願望があり、J-1ビザを取得してサンフランシスコでのインターンシップに参加しました。彼女のようにある程度ベースとなる英語力がある場合は、今回のような実践的なインターンシップが合っていると思います。英語力も同時に身に付けたい場合には、語学学校に通いながら、「就業体験」としてインターンシップを経験するというプログラムも多くの英語圏の国で実施されています。

●仕事がもらえないときには

前述のSさんの体験からも分かる通り、海外には「仕事は自分で勝ち取るもの」という考え方があります。日本のインターンシップとは違い、全てがタイムスケジュールで決まっているようなことはありません。まずは与えられたタスクをこなし、より高レベルのタスクを手がけたいのであれば、スーパーバイザーとの話し合いによってステップアップしていくようにしましょう。

●海外でのミーティングの注意点

　日本と海外では、ミーティングの進め方や中身がかなり違います。日本では多くの場合、上長の意図や会議進行の流れをくみ取って、タイミングよく発言することを求められます。また、部課長とのコンセンサスも大切です。一方、アメリカに代表される欧米のミーティングでは、「出る杭は打たれない」ので、まず「発言すること」が絶対に重要です。インターンシップに参加して間もない頃は、英語が速く感じられ、ついていけない人が多くいることと思います。まずは「いいと思います」だけでもいいので、自分の口から言葉を発することが第一歩です。少しずつ慣れて、Sさんのように新しいアイデアを提案することができれば、職場での評価が上がります。

●常に履歴書をアップデート

　英文履歴書では、特に「職務経験（work experience）」が重視されます。日本語の履歴書と異なり、常に一番上に最新の経歴を書いていきます。大学生の場合は、アルバイトの経験を書いても構いません。

　外資系企業の場合は、海外での職業経験があるかどうかが重要になります。短期間であっても、海外での実務経験があれば、自信を持ってアピールしましょう。

●文系でも海外インターンシップは就職に有利

　大学生が参加する海外インターンシップは4〜8週間のものが主流だと思います。日本のインターンシップに比べると長いのですが、それでもこのような短期間で企業が求める実践的なスキルが身に付くかどうかは疑問です。それでも、採

用側から評価される理由として、ある大手メーカーのグローバル人事課の担当者は、「困難な状況でも乗り越えることのできるバイタリティ」が大きいと言います。面接官も社会人なので、サークル活動やアルバイトの経験より、仕事上の具体的なエピソードの方が聞きやすいということもあります。日本でのインターンシップが当たり前になってきた昨今、海外インターンシップに参加して差別化を図る学生が増えています。

✤ケース2
Aくん（アメリカ・シリコンバレー）理系大学生

次に、理系の大学生が参加したインターンシップの事例を見ながら、海外インターンシップの就職活動への効果を考えたいと思います。近年は世界的なIT産業の拡大により、エンジニアなどの理系の人材が多く求められています。海外に目を向けると、アメリカのシリコンバレーやシンガポールには世界中から優秀な人材が集まってきており、グローバルに活躍できる理系の人材育成が日本でも喫緊の課題となっています。

参加の経緯
東京の私立大学に通うAくんは、理工学部の3年生。将来はアメリカの大手IT企業で働きたいという思いがあり、教授の勧めによりシリコンバレーでのインターンシップに挑戦することにしました。Aくんにとっては初めての海外。一番心配だったのが英語の問題でした。

参加準備

　Aくんに限らず、理系の学生の場合、最大のネックになりがちなのが英語です。これを心配するあまり、一度も海外に行かない学生も多いのが現状です。

　海外インターンシップに参加するために必要な英語力は、一般的にTOEICテスト 700点以上と言われています。ただし、TOEICテストでスピーキング力を測定するにはスピーキングテストの受験が別途必要になるため、受験しない人も多くいます。そこで、英語での面接が課されることが多く、これをクリアできるだけの会話力が必要です。

　彼の場合は、オンラインを使った英語面接対策コースを1月から受講。3カ月かけて本番のオンライン面接に臨む計画を立てました。最初は英単語が全く出てこず、自己紹介もままならないところからのスタートでした。しかし、日々努力を続けた結果、3カ月で自己紹介レベルから自己PRレベルまで英語力を上げることに成功しました。

本番の英語面接で苦戦

　現地のIT企業とのオンライン面接の1社目、彼は致命的なミスを犯してしまいます。通常はパソコンのカメラをオンにして相手の表情や雰囲気もチェックされるのですが、あまりうまく話せなかった上に、シャイな性格が裏目に出て笑顔が全く出なかったのです。アメリカでは第一印象が特に大切です。履歴書の写真などもそうですが、口角を上げて歯を見せるくらいの笑顔が面接の際にも求められるのです。

　2社目の面接では、笑顔に注意して臨みましたが、「あなたをブランドに例えると何ですか。また、その理由は。」という全く想定していない質問に動揺してしまい、不合格となって

しまいました。背水の陣で臨んだ3社目でようやく合格を勝ち取ることができました。

初めはデータ入力ばかり

　Aくんのホストカンパニーは、シリコンバレーにあるウェブデザイン会社で、社員数10名ほどのいわゆるベンチャー企業でした。社員はみんな20代、服装はTシャツにジーンズというラフな格好で、オフィスは元工場を綺麗に改装したおしゃれな雰囲気。自由でクリエイティブなイメージそのままでした。Aくんは初日にテンションが上がったのですが、実際に仕事が始まると状況が一変しました。

　彼が任された最初のタスクは、顧客のデータ入力という単調なものでした。真面目にこなせばもっと面白い仕事が回ってくるだろうと期待して最初の1週間はひたすらデスクワークに打ち込みましたが、2週目に入って、今週のタスクも引き続きデータ入力と告げられると、だんだん不安になってきました。

　日本では高校時代に自分でアプリを開発したこともあり、最新のIT技術に触れたいという希望があったのですが、英語力もあまりないため、「このまま単調な作業だけでインターンシップが終わってしまうのでは」と不安になってきたのです。彼はスーパーバイザーのデイビッドに相談することにしました。

スーパーバイザーと相談

　デイビッドからは、一言「君はどのようなことがしたいの。何か提案はあるの」と言われ、ここで初めて具体的なアイデアが何も出てこないことに気がつきました。Aくんは「仕事

は上司が与えてくれるもの」というイメージを持っていたの
ですが、そうではないことに改めて気が付いたのです。

　Aくんが次の日からしたことは、コピーを取りに来たスタッ
フに何か困っていることはないかと、自分から話しかける
ことにしました。オフィスのニーズを把握しようと考えたの
です。すると、スタッフの多くがマルチタスクでいくつもの
案件を抱えており、思うようにプロジェクトを進められてい
ないことが分かりました。

自ら状況を打開

　そこで、彼は上司の許可を得て、特に進行が遅れているプ
ロジェクトのメンバーに加えてもらい、写真加工を中心とし
たタスクをどんどんこなしたそうです。AくんがPhotoshop
もIllustratorも問題なく使えることが分かると、周囲の信頼
感も一気に増し、デザイン会社のブログ作成を任されるよう
になりました。

参加して感じたこと

　インターンシップ開始当初は、緊張もあって、自分自身で
英語のハードルを上げてしまっていたとAくんは言います。
彼の場合は、Photoshopを使えたことがきっかけで仕事を勝
ち取ることに成功しました。その後、会議では英語のスピー
ドが速すぎて話の内容が分からないときもありましたが、自
信を持って英語を話し、相手に伝わるように心がけたと言い
ます。

就職活動

　Aくんはインターンシップが終わり帰国してからも、ホス

トカンパニーのCEOと東京で会食したり、LinkedInで同僚
と連絡を取り合ったりと、積極的に現地の情報収集を続けて
いました。そこで得た情報を基に、シリコンバレーの大手IT
企業が1年間の有給インターンを募集していることを知り、
見事世界の優秀な学生の中から選抜されたのです。将来は、
シリコンバレーで起業したいと語るAくん。これからが楽し
みです。

Aくんの経緯
海外短期インターン（シリコンバレー）→有給インターン（シリコ
ンバレー）→IT企業内定（シリコンバレー）

【専門家が考える成功のポイント】

● ITのインターンシップはスキルが突破口

　実は多くの理系の学生が英語で苦しんでいるそうです。大
学の実験や研究で忙しい日々の中で、英語学習に時間を割き
にくい状況があるのでしょう。マーケティングやセールスな
ど、文系のインターンシップではとにかく英語やコミュニケ
ーション能力が大切になるのは言うまでもありません。しか
し、Aくんのようにエンジニアなどの理系のポジションを狙
う場合には、英語力はやや欠けていても、IT系のスキルがあ
れば活躍するチャンスは出てきます。特にC/C++などのプ
ログラミングスキルがあれば、即戦力と見なされ、有給のポ
ジションを得られる可能性もあるのです。

　海外の企業が面接をする際に重視するポイントは、
education（学部・専攻）とwork experience（職務経験）の2つ
ですが、理系のインターンシップ面接の場合は上記の他に
skill（特技・技能）も重要なアピールポイントになるのです。

● 理系の学生こそ海外インターンシップを

　理系の学生の場合、大学の授業が忙しく、海外インターンシップに参加しにくい傾向がありますが、大学で培ったスキルと海外でのビジネス経験があれば、自分でビジネスを立ち上げる上で、まさに鬼に金棒です。

　IT関連の分野では、今後ますますグローバルに活躍できる理系の人材が求められています。忙しい座学の合間を縫って、海外インターンシップに挑戦するだけの価値はあると思います。

（「留学プレス」筆者寄稿記事より）

第3章

内定〜就職後の
グローバルキャリア
の築き方

内定〜就職するまでの動き

　国内就職の場合、内定の出るタイミングは日系企業か外資系企業によって違います。外資系企業は日系企業に比べて早く、3年生の1〜3月くらいに内定が出ます。日系企業の場合は4年生の10月までに内定通知書が届くというのが大まかなスケジュールです（2023年1月現在）。

　海外就職の場合は、新卒一括採用という概念がそもそもありません。企業が必要に応じて面接を複数回行い（回数は会社によって異なる。コンサルティング会社では10回以上の場合もあり）、その後内定を出すという形です。日本とは異なり、決められたスケジュールはありません。

　第3章のテーマは「グローバルキャリアの築き方」です。この章では、内定から就職後に至るまでの段階ごとに、心構えやお勧めの動き方について解説していきます。

内定後の心構え

　苦労の末にようやく勝ち取った内定です。これまでの苦労を考えると、就活から解放されたことで羽目を外したくなる気持ちはよく分かります。ただ、ひとたび内定を獲得したら、それまでの就活中とは異なる心構えを持ち、行動を切り替えることが必要になります。具体的にどのような心構えが必要なのか、説明していきたいと思います。

1. 自分は社員だと自覚する

　これは日系企業についても外資系企業についても言えることですが、内定以降は社員に準じた行動が求められます。なぜなら、内定先の企業はあなたのことをすでに社員として見ているからです。正式には入社日以降に晴れて社員になるわけですが、実際には内々定の段階ですでにその行動が求められています。

　社員に準じた行動とは、言い換えると会社の品位を損なうことのない行動のことです。以下に、してはいけない行動の例を挙げます。

- ・大学のサークルの友人との懇親会の際、大声で騒ぐ
- ・電車の中で就活の際のエピソードを会社名や個人名を挙げて友人に話す
- ・SNSで企業名を出した投稿を「公開」設定で配信する
- ・友人とキャンプに行った際、ごみを片付けない
- ・SNSでネガティブな発言をする
- ・卒業旅行で海外に行った際、ホテルの備品のタオルを持ち帰る

　以上は全て、してはいけない行動です。場合によっては内定の取り消しもあり得ます。特に注意が必要なポイントは、公共の場で企業名を出して内情を話すことです。これは学生時代であれば許されたかもしれませんが、社会人であれば厳禁です。電車やエレベーター内での会話などは関係者が聞いている可能性もありますので、特に気を付けてください。

2. SNSへの書き込みに注意

　また、近年問題になっているのが、SNSへの書き込みです。これについて、少し詳しく見ていきましょう。

　就活前と就活後では、SNSで発信する際の意識を変えなければなりません。例えば、就活前に、実名投稿は友人向け、匿名投稿は不特定多数のフォロワー向けという使い分けでSNSを運用している人がいるとします。就活を始めた後は、実名であれ匿名であれ、常に会社が投稿を見ている可能性を意識しておく必要があります。

　今はどこの企業も、風評被害を気にしています。SNSの投稿一つで会社の株価が変動することもあり得るため、社員候補である皆さんのSNSはモニタリングされていると想定しておいてください。特に以下の行動が守るべきポイントです。

・アカウント名でキラキラした名前を使わない
・個人的な投稿は友人限定の公開にし、投稿が何らかの形で会社に届くことも想定しておく
・プロフィール写真を見直す。特に肌を露出した写真やふざけた写真は使用しない
・過去の投稿も見直し、個人的な投稿は友人までの公開設定に変更する
・Twitterなどで匿名で投稿しているものも会社に見られることを想定し、過激な内容の投稿はしない
・たとえ、投稿するのは日本語で、就職先が海外や外資系企業であっても、その内容に注意する（翻訳機能ですぐに判明します）

　こう聞くと窮屈だと感じるかもしれませんが、会社に就職するということは、その会社のチームの一員になるということです。SNSで炎上してしまうと内定が取り消しになるリスクがある上、チームや会社、これまで育ててくれた親や家族にまで迷惑がかかってしまいます。

3. コンプライアンスについて知る

　コンプライアンス（compliance）は「法令順守」という意味ですが、会社では幅広い意味で使用されるケースが多いのが実情です。コンプライアンスとは通常、次の3つの要素を含みます。

　・法律／法令：国会で制定された法律、行政機関で制定された政令、地方公共団体で定められた条例など
　・就業規則：会社で守るべきルールを定めたもの。マナーなどの服務規定と給与などの労働条件で構成されている。
　・企業倫理／社会的規範：モラルと言われるもの

　日系企業か外資系企業かを問わず、今ではコンプライアンスマニュアルを作成するのは当たり前で、専門の部署を設けている企業もあるほどです。社会人になると、日本の法律はもとより、会社のコンプライアンスを順守しなければなりません。内定が決まった段階からそれに準じた行動が求められますので、覚えておきましょう。

4. CSRについて知る

　次に、CSR（corporate social responsibility）と呼ばれる考え方があります。これはコンプライアンスと混同されがちなのですが、企業の社会的責任と呼ばれるものです。誰に対する責任かというと、あらゆるステークホルダー、つまり従業員・株主・取引先・消費者・地域社会などに対する責任です。例えば、企業がより長く存続し、社会から受け入れられるためには、環境に優しく、人権を尊重し、より安全性の高いサービスを提供する必要があります。それらに配慮し、ステークホルダーへの説明責任を果たす取り組みがCSRなのです。

CSR と SDGs（Sustainable Development Goals）の違い

SDGs とは、2015年9月の国連サミットで採択された持続可能な開発目標（SDGs: Sustainable Development Goals）のことで、2030年までに持続可能でよりよい世界を目指す国際目標です。皆さんもご存じの通り、17のゴールと169のターゲットから構成されています。詳しい内容は「持続可能な開発目標（SDGs）と日本の取組（外務省国際協力局）」（https://www.mofa.go.jp/mofaj/gaiko/oda/sdgs/pdf/SDGs_pamphlet.pdf）をご覧ください。

SDGs は、持続可能な世界を実現するための目標で、CSR は企業が関係する全ての人に対する責任のことを指すのです。

以上、内定後の心構えについて説明しました。学生時代に比べて窮屈に感じるかもしれませんが、これからは就職先の企業での仕事を通して、自分と社会との接点が増え、影響力が増すということなのです。

就職後にスタートダッシュを切るために

ここからは、内定の通知を受け取った日から入社日までの具体的な行動についてお話しします。

個人差があるとは思いますが、仮に4年生の9月に内定を受け取った場合、翌年4月の入社まで半年くらいの「ギャップイヤー（gap year）」があることになります。日系企業ではいったん就職すると、有給休暇や年末年始などの休みはあるにしても、1週間以上のまとまった休みは取りにくくなることがあります。欧米で働く場合や国内でも外資系企業で働く場合には、バケーション文化があるため、もう少しまとまった休みが取りやすいのですが、それでも最長で2週間程度でしょう。この先、数カ月単位

のまとまった休みが取れるのは、この就職前のギャップイヤー
か、転職して次の企業に入社するまでの猶予期間くらいになり
ます。貴重なこのギャップイヤーを有効に使うことが、就職後
スタートダッシュを切るための最大の早道になるのです。

欧米で盛んなギャップイヤー

　ギャップイヤーはイギリスで1978年にチャールズ皇太子（当
時）が支援した「ドレイク活動」（Operation Drake）が発祥と言わ
れています。これは、世界の17歳から24歳の若者を集めて、世
界各地で働いてもらう活動です。比較的最近では、ウィリアム
王子が、2000年にイートン校を卒業し、スコットランドのセン
ト・アンドリューズ大学に入学するまでの間にギャップイヤー
を取得しています。ハリー王子も同様に1年間のギャップイヤー
を経験しました。こうした彼らの行動により、世界でもギャ
ップイヤーへの認知が高まりました。イギリスをはじめとする
ヨーロッパ各国では、入学前や就職前のギャップイヤーを活用
して、留学に行ったりインターンシップをしたりすることが盛
んです。

　例えば、デンマークではこのギャップイヤーに、人生の学校
とも言われる「フォルケホイスコーレ」に通うことが一般的で
す。「フォルケホイスコーレ」とはデンマーク語の3つの言葉か
ら成っており、フォルケが「人々」、ホイが「高い」、スコーレが
「学校」という意味です。この起源は1844年にさかのぼります。
「近代デンマーク精神の父」と言われるニコライ・フレデリク・
セヴェリン・グルントヴィは、それまで続いてきた絶対王政が
終焉を迎えようとする中で、国民全員が民主主義を理解する必
要があると考えてこの学校を創設しました。この学校は17.5歳
以上であれば、誰でも入学可能で、試験も評価も細かい規則も

ありません。開講科目は音楽、美術、スポーツ、教育、演劇、心理学、哲学などバリエーション豊かで、生徒の年齢層も幅広く、高校を卒業してすぐの若者からシニアまでが学んでいます。単位や学位は取得できませんが、自分の人生をじっくりと見つめ直すことができます。

　学校が国から求められていることは、「民主主義の啓発」と「人間の啓発」の2つのみです。この2つの目的さえ果たしていれば、どのような教え方をしても構わないという自由な学校です。学生たちは余白の時間を使って日常生活から脱却し、自分の人生について思いを巡らせたり、専門分野について学んだり、寮で仲間とディスカッションをしたりして過ごすのです。

　ギャップイヤーはヨーロッパだけでなく、アメリカでも近年盛んになってきています。オバマ氏が大統領だった頃、長女のマリアさんがハーバード大学への入学前に1年間のギャップイヤーを取ったことも話題になりました。

　イギリスの場合は、大学は関与せず、学生が主体となってギャップイヤーを取るスタイルです。これに対して、アメリカの場合は大学が専用のプログラムを提供するケースもあるほど、ギャップイヤーが推奨されています。

　海外でギャップイヤーを経験する効果も確認されています。文部科学省は、「ギャップイヤーを経験した学生は、未経験の学生に比べて、就学後のモチベーション、企画力、忍耐力、適応能力、時間管理能力がいずれも高くなっている等、高い教育的効果が上がっていることが報告されている*」としています。

*平成26年5月「学事暦の多様化とギャップイヤーを活用した学外学修プログラムの推進に向けて」(意見のまとめ)
　https://www.mext.go.jp/b_menu/shingi/chousa/koutou/57/toushin/__icsFiles/afieldfile/2014/06/02/1348334_1.pdf

ギャップイヤーは、人間的に成長し、アカデミックな知見やビジネススキルも向上させることができる世界標準のレベルアップ法なのです。皆さんも就職後にスタートダッシュを切るために、ギャップイヤーを利用してはいかがでしょうか。

目的別ギャップイヤー活用方法

1. とにかくビジネススキルを上げたい人⇨実践型の海外インターンシップ

それでは、ギャップイヤーの活用法をいくつか紹介しましょう。就職までにできるだけビジネススキルを伸ばしたい人には、ギャップイヤー期間を利用して実践型の海外インターンシップに参加することをお勧めします。詳しい内容については、第2章のインターンシップの種類を参照ください。

グローバル就活の中で経験した人もいると思いますが、大学1～3年生が海外インターンシップに参加する場合は、夏休みや春休みを利用した5週間程度の短期インターンシップが主流です。ギャップイヤーを利用すれば、3カ月間以上の中期インターンシップにも参加できるので、実際の仕事により近いリアルな経験を積むことができます。

渡航先に関しては、就職先が関連（展開）している国を選ぶケースと、就職先とは全く関連性のない国に自分の仕事の幅を広げる意味で参加するケースがあります。自分の目的によって、行き先の国とインターンシップの内容を選びましょう。

いったん就職すると、就職先以外の企業での経験は積みにくいものです。グローバル就活の際に参加するインターシップは内定獲得に向けた経験を積むことが目的でしたが、今回の参加は就職前にできるだけビジネススキルと経験値を上げることが目的です。期間が限定されるとはいえ、ホストカンパニーの社

員と一緒にビジネス経験を積むことができる実践型の海外インターンシップへの参加は、海外か国内か、外資系か日系企業かを問わず、どのような就職をする人にもお勧めできるギャップイヤーの活用方法です。

2. 人間的に成長したい人⇨国際協力インターンシップ

　大学生の間に海外経験を通して人間的に成長したいと思っている方には、国際協力インターンシップがお勧めです。第2章では、国際機関で働きたいという方に国際協力インターンシップをお勧めしましたが、海外の国際協力の現場を知ることは、実はさまざまな分野に応用できます。

　例えば、国際協力インターンシップと教育の領域は親和性が高いと言われていますし、ビジネスの分野でも前述のCSRの観点から国際協力と連携することもあり得ます。特に、グローバル就活の中でビジネス系の実践型インターンシップや研修型インターンシップを経験した人が国際協力インターンシップを体験すると、グローバルな社会人としての幅が出るのでお勧めです。何より、開発途上国の社会問題を知るだけでなく、現地プロジェクトにチームの一員として参加することで、自分の人生やキャリアについて見つめ直す機会が得られ、より広い視座に立って仕事に取り組むことができるようになります。

　国際協力の経験こそ、ある程度まとまった期間がないと得られないものです。参加前の事前リサーチや予防接種などに準備期間が必要になりますので、運営団体とも相談の上、参加を検討してください。

3. 入社までに英語のスピーキング力を上げたい人 ⇨ フィリピン のマンツーマンレッスン語学留学

　短期間で英語のスピーキングを鍛えるためには、マンツーマンレッスンの受講がお勧めです。欧米の語学学校だと、授業料が1時間あたり1万円くらいすることもあり、かなり高額です。その点、フィリピンの語学学校が提供しているコースはリーズナブルな価格設定をしていて、かつ受講時間を長くすることが可能です。

　もしギャップイヤーの期間が短い場合や、日本で内定式や対面で参加しなくてはいけない行事予定がある場合も、マンツーマンレッスンであれば参加しやすくなります。なぜなら、1日の授業数が多いため、1カ月間など短期間での集中的な学習に向いているからです（ただし、時間が許すのであれば、3カ月間くらい留学すると効果が高いと言われています）。

　また、一口にフィリピン留学と言っても、行き先はセブ島やマニラ、バギオなどいくつもの選択肢があり、語学学校にもスパルタ式の学校からリゾートを満喫できる学校まで豊富なバリエーションがあります。卒業旅行を兼ねてリゾートを満喫したい人であれば、セブ島の東海岸にあるマクタン島など、海の近くにある学校を選ぶといいでしょう。もし、学習に集中できる環境で英語の勉強を頑張りたいという人であれば、ルソン島にある都市バギオがお勧めです。日本からの直行便はないため、移動の行程は1つ増えますが、セブ島やマニラほどにぎやかではなく、落ち着いた雰囲気の町なので、高い学習効果が期待できます。バギオにある学校はクオリティが高いのです。先生に、就職先での今後の仕事や、英語のどの分野（ディスカッション、プレゼンテーション、コミュニケーションスキルなど）を伸ばしたいのかを明確に伝えておくことをお勧めします。

4. 留学未経験の人⇨語学留学、専門留学

　これまでグローバル就活の流れを説明する上で、大学在学中に国内および海外のインターンシップを経験することを前提にしてきました。皆さんの中には留学することなく内定に至った人もいると思います。そのような方にはぜひこのギャップイヤーで、留学を経験してほしいのです。ただ留学にもさまざまな種類があり、その目的や予算、期間によってどのような形の留学をお勧めするかが変わってきます。ここでは、いくつかの留学プランを紹介しましょう。

専門留学

　専門留学をして取得できる資格には、ディプロマ（diploma）、サティフィケート（certificate）などがあります。ディプロマ取得コースは1年以上のものが主ですが、サティフィケートであれば6カ月間くらいで取得できるものもあります。国にもよりますが、中には3カ月間くらいで資格が取得できるコースもあります。プログラミングやTESOLの資格、J-SHINE（児童英語教師の資格）などであれば、比較的短期間で取得できることがあります。

　もしかなり早めに内定が出て、6カ月以上滞在できるのであれば、カナダに「専門留学＋有給インターンシップ」をすることが可能なCO-OPビザがあります。ただし、このビザは申請から取得まで一定の時間を要することと、留学先がカナダ政府認定の専門学校・カレッジに限られるといった規定があり、注意が必要です。

　また、オーストラリアにはTAFEという州立の高等専門教育機関があります。ここで開講しているのはディプロマコースを中心とした1年間くらいのものが主となりますが、中に

はホスピタリティーのサティフィケートコースなど、6カ月くらいのものもあります。期間に余裕のある方は、参加条件（入学日、必要資格、英語力など）を確認してみましょう。

語学留学

　語学学校の良いところは、最短で1週間から受け入れてもらえるフレキシブルさと、世界から学びにきている留学生と交流できること、そして効率的に英語能力を上げることができるカリキュラムにあります。国によってビザの規則が異なるため、出発日までの猶予がどれぐらいあるか、受けたい授業時間数がフルタイム（週あたり20〜25時間程度）かパートタイム（週あたり15時間程度）かによってお勧めする国が異なります。

　例えば、カナダだと6カ月間までの留学であれば学生ビザが必要ないため、学校と滞在先が決まり、航空券を用意できれば、すぐに出発可能です。カナダは比較的治安が良く、教育水準が高いため、自分に合った留学のスタイルを選択できます。

　また、オーストラリアも3カ月間以内であれば、学生ビザを取得することなく語学学校に通うことができます。オーストラリアの良いところは、環境です。気候が温暖で、日本との時差が1時間くらいしかありません。語学学校のアクティビティも充実しているので、この機会にダイビングのライセンスを取得したり、サーフィンを習得したり、バリスタの勉強をしたりと、語学留学プラス趣味を楽しんだり、スキルを高めたりすることが可能です。私立の語学学校もありますが、先ほど述べたTAFEにも付属の英語学校があり、2週間から入学可能です。

　また、アメリカでの語学留学を希望する方は、週あたり18時間以上の授業を受ける場合は1週間でも学生ビザが必要となります。他の国に比べて時間の基準が厳しいので注意が必要です。

　ただアメリカはなんと言っても留学で世界ナンバーワンの人気を誇る国です。英語学習はもとより、ビジネス、エンターテインメント、ファッション、アートなどその魅力を存分に味わうことができます。特にニューヨーク、ロサンゼルス、サンフランシスコ、シアトル、サンディエゴなどの都市には語学学校も多い上、開講日が合えば大学附属の学校などもあり、大学生気分を味わうこともできます。

5. 世界を旅してみたい人⇨探求型世界旅行

　最後の探求型世界旅行は、とにかく旅をしてみたいという人にお勧めのプランです。とにかく世界を巡って見聞を広めたいという人もいるかと思います。ただ、せっかくのギャップイヤー、単に旅をするだけではもったいありません。自分のこれからのキャリアに合ったテーマ性のある世界旅行を企画することをお勧めします。それでは、いくつかお勧めの世界旅行のスタイルを紹介します。

(1) 自分のロールモデルに会いに行く

　例えば、海外でビジネスを立ち上げた大学の先輩、参加したウェビナーに登壇していた、新興国でビジネスに取り組む憧れの人など、海外に住んでいて自分が会ってみたい人に実際に会いに行くというものです（ただし、自分でコンタクトが取れる人に限ります）。遠方に住んでいる人がわざわざ会いに来てくれるというのは、相手にとってもうれしいものです。た

だ単に会いたい人に会うだけではなく、その人やその周りに
いる人から学びを得るというのがこの旅行のポイントです。

　ただし、もちろん事前にアポイントメントを取ってから行
くのは当たり前のことです。そのやり取りの中で自分の目的
を伝えた上で、現地で会った方がいい人や訪問した方がいい
場所があれば、それについてもヒアリングしておきましょう。

（2）就職先の海外支社を視察させてもらう
　日系企業の場合は、新入社員の足並みをそろえたいがため
に難色を示すこともありますが、海外の企業や外資系企業で
あれば、就職前に自費で渡航し会社を訪問することでモチベ
ーションが高いと見られることもあります。

　まず、企業の担当者に海外支社を視察させてほしい旨の問
い合わせをします。OKの返事をもらったら、日程は先方の
オファーに極力合わせるようにしましょう。外資系の企業で
は先方がスケジュールを組んでくれることもあります。現地
でできることは挨拶や同僚とのランチ程度ですが、入社前に
相手と顔見知りになっておくことで、入社後スムーズに仕事
を進めることができます。

（3）世界一周旅行に出る
　見聞を広げるという意味では、世界一周旅行ができるのは、
ギャップイヤーが最大のチャンスかもしれません。大手旅行
会社では世界一周のプランを出していますし、自分でチケッ
トを取得してオリジナルのプランを立てることも可能です。
ただ、せっかくグローバル就職を勝ち取ったのですから、旅
先で危険な目に遭っては元も子もありません。安全を第一に
計画を立ててください。テレビ番組でよく見るようにノープ

ランで初めての国を旅することは無謀です。リサーチをしっかりして、空港からの移動手段の把握、滞在先の確保、事前の予防接種など、万全な準備をして出発してください。

　以下に世界一周旅行の例を挙げておきます。

● ピースボートに参加

　ピースボートは「地球一周の船旅」と呼ばれ、およそ3カ月かけて世界約20カ国を訪問するものです。国際NGOとしての活動もあり、ギャップイヤーにもお勧めの内容です（https://peaceboat.org）。

● 旅行会社の世界一周プランを申し込む

　旅行会社で、大学生向けの世界一周プランを用意しているところがあります。航空券・滞在先・海外旅行保険への加入など、全てサポートされているので安心です。

● 世界一周の航空チケットを利用する

　世界の航空会社の多くが、複数の会社による提携グループ「アライアンス（alliance）」を組んでいます。「スターアライアンス」「ワンワールド」「スカイチーム」はその代表的なもので、3大アライアンスと呼ばれています。これらのアライアンスでは、世界一周航空券を設定しています。それぞれに特徴や規定があります。自分の行きたい都市、旅行日数などによって航空券を選ぶのがポイントです。

● テーマ性のある世界一周を計画する

　例えば、SDGsのある一つのテーマを追求するために複数の都市を訪問し、現地視察をするなどといった、探求型の世界一周もギャップイヤーならではの企画として考えられます。社会問題ではなくても、建築や美術、エンターテインメントなど自分の関心のあるテーマを本場で追求することは、生涯記憶に残る体験となるでしょう。

　就職後にスムーズなスタートダッシュを切るには、このギャップイヤーを有効活用できるかどうかが鍵です。人生経験を広げるもよし、ビジネススキルを上げるのもよし、英語のブラッシュアップに当てるのもよしです。自分のオリジナルな経験をして、入社後のスタートダッシュを切りましょう。

世界標準のキャリアの築き方

　さて、ここからは入社後の話になります。グローバル就職をされた皆さんが、これからどのようにキャリアを構築していくとよいのかについて、具体的にお伝えしたいと思います。まずは、近年の働き方の変化についてお話ししましょう。

新型コロナウィルス感染症の拡大で変わったことと変わらないこと

　2020年に発生した新型コロナウィルス感染症の世界的な感染拡大（パンデミック）は、人々の働き方にも大きな変化をもたらしました。いくつか例を挙げてみましょう。

　変わったこと
・リモートワークの増加
・家族と過ごす時間の増加
・オフィスの使用法

・仕事のタイムマネジメント

・ウェルビーイングへの関心拡大

・効率性の重視

・オンラインプラットフォームやICTリテラシーへのニーズ
　拡大

変わらなかったこと

・グローバル人材の定義

・グローバルに働くことの重要性

・英語など語学力の必要性

・リアルで会って話すことの価値

　並べてみると、パンデミックを経て変わったことの方が多いという印象です。一番大きな変化は、感染リスク削減のためオフィスに出社する機会が減り、リモートワークにシフトしたことです。それによって、Zoom、Teams、Google Meet、Slackなどといったオンラインプラットフォームが格段に進化しました。プロジェクトはチャットを通して進行し、オンラインミーティングの機会が増加しました。それまでもSkypeなどを使ったオンラインミーティングはありましたが、導入に関しては限定的なものでした。それが、2020〜2023年の間に一気に加速しました。

　また、このパンデミックによって、世界標準の働き方が浮き彫りになりました。一方、日本では20年以上前から「グローバル人材」という言葉が使われてきました。では、国はどのようにグローバル人材について定義付けているかおさらいしてみましょう。

　文部科学省によると、グローバル人材とは、「世界的な競争と共生が進む現代社会において、日本人としてのアイデンティティを持ちながら、広い視野に立って培われる教養と専門性、異なる言語、文化、価値を乗り越えて関係を構築するためのコミュニケーション能力と協調性、新しい価値を創造する能力、次世代までも視野に入れた社会貢献の意識などを持った人間（平成23年4月28日 産学連携によるグローバル人材育成推進会議）」とされています。グローバル就活でのグローバルマインドセットについても同様の表現がされていました。さまざまな要素が入っている定義で少し分かりにくいかもしれませんが、私はグローバル人材を一言で表すと、「世界中のどこででも働くことのできる人」だと思っています。

　実は、この「世界中のどこででも働くことのできる力」は、パンデミックによって、より必要とされるスキルとなりました。先ほど述べたように、リモートワークの増加により、家にいても海外にいても変わらずに仕事ができる力が求められるようになったからです。これを、リモートワークスキルと言います。リモートワークスキルは、次のような要素から成っています。

・海外の人と英語などの外国語を使ってコミュニケーションが不自由なく取れる

・海外のビジネスカルチャーを理解している

・オンラインプラットフォームを駆使してプロジェクトを進めることができる

・タイムマネジメントができる

・リアル（対面）とオンラインを仕事上使い分けることができる

　これらのリモートワークスキルはこれまで説明してきたグロ

ーバル就活の準備ととても親和性が高いものです。オンライン
プラットフォームを使ってプロジェクトを進めるには、リアル
でかつグローバルな経験が必要不可欠です。この経験は海外イ
ンターンシップなどを通して培われるものですが、これがある
とオンラインでもスムーズに仕事を進めやすいのです。グロー
バル就活を経て就職される皆さんは、すでにグローバル人材の
要件を満たしています。自信を持って、アフターコロナのグロ
ーバル社会を進んでください。

英文履歴書をアップデートする

　グローバル就活のプロセスで英文履歴書を作成しましたが、
この経験が本領を発揮するのは、実は社会人になってからです。
インターンシップに参加する前に一度作成し、就活の際に再度
アップデートしていますが、この履歴書を常にアップデートし
ていくことが、世界標準のキャリアの築き方の真髄なのです。
アップデートの仕方にもコツがありますので、下に紹介します。

1. 世界標準のキャリアアップは転職が前提
　日本の終身雇用制度は終焉に向かいつつあります。これから
は、海外のように転職を重ねながらより条件の良い企業へキャ
リアアップしていくのが当たり前になっていくでしょう。
　この本を読んでいる皆さんには、世界標準のキャリアの築き
方を身に付けること、つまり自分の専門分野で経験を重ねてキ
ャリアアップにつなげていくことをお勧めします。長年勤めて
いるうちに会社に情が湧いてきますし、周囲の忙しさも伝わっ
てきますので、辞めにくいと感じると思います。もちろん、海
外の企業においても、ロイヤリティ（愛社精神）が求められる場

面があります。ただ、例えば自分が病気になったときに会社が家族の面倒を見てくれるわけではありません。転職に関しては、ある程度ドライに、自分のキャリアや人生を中心に考えて全く問題ありません。誤解を恐れずに申し上げると、自分をなるべく高く買ってくれる会社に行くことで、会社も自分もどちらもハッピーになれるのです。

2. WORK EXPERIENCEをアップデート

　英文履歴書をアップデートする際に、全ての項目を更新する必要はありません。アップデートするのは、ほぼWORK EXPERIENCEに特化されます。採用担当者にとって魅力的な英文履歴書となるように、英文履歴書を効率よくアップデートするためのポイントを挙げていきます。

1. 1つの専門性を極めていくイメージを持つ

　やみくもに新しい経験を積んでいけばいいというものではありません。グローバル就活の際に作り上げた自分の専門性を突き詰めていくイメージを持ってください。その専門性の出発点はまず大学の学部・専攻ですが、そこから企業での経験やプロジェクトへの参加、功績を意識的に積み上げていくのです。

　もちろん仕事をする中で、自分の専門以外の業務に携わることもあるかもしれません。特に日系企業にはジョブローテーションの仕組みがありますので、その可能性が高いでしょう。ただ、専門を突き詰めていくというイメージを持つかどうかで、あなたが次のキャリアに移っていく際の評価が変わります。自分の軸がぶれないように気を付けましょう。

2. 定期的にプロジェクトや業績をまとめておく

　WORK EXPERIENCEをアップデートする際に重要なのは、会社名や役職を記載することだけではありません。そのポジションに就いていた間にどのようなプロジェクトを担当したのか、どのような業績を残したのか、それらを達成するためにどのようなアクションをしたのか（チームビルディングや対外的な交渉、内部的な調整やコンセンサス、タイムマネジメントなど）が大切なのです。業績だけを意識して仕事をするわけではありませんが、プロジェクトごとに自分で効果測定を行い、具体的な記録を残しておくことは絶対に必要なことです。数年たってから、記憶をたどりつつまとめていくのは大変な作業ですので、定期的にLinkedInなどに入力しておくと、後ほど書類を作成する際に楽になります。

3. 転職の際には役職にもこだわる

　外資系企業の場合、新たに採用する人の役職を決める際に、その人の前職のタイトルを参考にすることが多いのです。したがって、現在働いている会社でもしManagerに職位が上がったら、それは大きなチャンスです。なぜなら、次に転職する際は、Manager以上の職位に就くことを前提に交渉ができるからです。次にManagerからDirectorに職位が上がったら、次の就職先もDirector以上に就くことを前提にしたものになります。こうして、徐々に職位と給与額を上げていくのです。現在の職場にいる間に、少しでも職位が上がるように努めましょう。

海外インターンシップによるキャリアアップ

　転職を経てキャリアアップしていく方法以外に、転職する際のギャップを生かして、海外インターンシップに参加してキャリアアップする方法があります。例えば、日本で教員の経験がある人が北欧の教育を学ぶために海外インターンシップを経験し、そのWORK　EXPERIENCEを次のキャリアアップに生かすという方法です。

　海外インターンシップは何も学生だけのものではありません。社会人向けの下記のような海外インターンシップもあります。

・ビジネスインターンシップ

　　アメリカではトレイニーと呼ばれる立場で、有給での1年半のインターンシップがある。

・ホテルインターンシップ

　　海外のホテルでインターンシップを経験する。アメリカの場合、期間は1年間。ただし、日本のホテルでの勤務経験がないと参加は難しい。

・国際協力インターンシップ

　　グローバル就活で説明した国際協力インターンシップと基本的に同じ。教育関係のインターンシップもある。

　自分のキャリアに海外経験をプラスしたいという方は、社会人向けの海外インターンシップを検討してもいいかもしれません。

体験談

自分は学校が好きだと再認識できた

A. M. さん（女性。参加時は社会人）

内容：公立英語小学校アシスタント
国：フィンランド（ラハティ）
期間：2021年6月〜 2022年6月

卒業後のキャリア：

　大学卒業後、公立小学校で教諭として一般級・特別支援級の担任を務め、オーストラリアで教員研修に参加しました。公立小学校を退職後、フィンランドのラハティ市にある公立英語小学校でアシスタントのボランティアプログラムに参加しました。プログラム終了後、現地就職を果たし、現地校アシスタント、日本語補習校教諭、日本のEdTech系スタートアップ㈱LX DESIGNでカスタマーサクセス／グローバル担当、ICYE JAPAN欧州短期プログラム担当など、日本とフィンランドを教育でつなげる活動に邁進しています。

それまでの海外経験：

　私はニューヨーク出身で、4歳までアメリカで過ごしました。「世界中に友だちがほしい」と漠然と世界を意識している子どもでした。高校生のときにカンボジアのスタディツアーに参加し、日本から飛行機でほんの数時間離れた場所にある国であるにもかかわらず、日本との大きな違いに衝撃を受け、それ以来、教育への道を志しました。大学時代には、旅行としての海外渡航だけでなく、ベトナムの孤児院でのボランティア活動やハワイでの語学研修、フィンランドでの教育視察に参加し、将来は海外の教育現場で学びたいという思いを持ちました。

インターンシップの内容：

　私の活動は、フィンランドのラハティ市という、ヘルシンキから100キロほど離れた町の公立英語小学校で、先生のアシスタントをするというものでした。フィンランドは学校ごとに特色を持たせており（音楽に力を入れる学校や芸術分野に特化した学校などもあります）、私が赴任した学校は公立で、通う子どもたちはほぼ現地のフィンランド人でしたが、英語で授業を行ういわゆるバイリンガル校でした。

　私は「アシスタント」という立場で、授業の補助や教材準備の手伝いなど、先生と子どもたちのサポートを行いました。学校側が私に日本で教員経験があることを知っていたので、日本文化を紹介する授業をさせてもらったり、日本の学校とフィンランドの学校をオンラインでつないで交流授業を行ったりしました。

　授業の補助としては、例えば英語の授業で2グループに分かれて活動するとき、1グループを担任の先生、もう1グループを私が担当して、単語ゲームや発音練習をしました。美術やハンドクラフト（工作や木工、裁縫・編み物）の授業では、一人一人の子どもによって器用さやできることが異なるため、先生が全体に指示を出した後、手助けが必要な児童一人ずつに何をどのようにすればいいのかについて、児童の困っているポイント、分からないポイントを聞きながら、サポートしました。中には「分からないし、もうやりたくない！」となる子もいましたが、そうしたときにはゲームやアニメのキャラクターの話をしながら一緒に作業をして、少しでもその子自身が「できた」と実感できるように努めました。

　日本文化を紹介する授業では、ただ文化を知るだけでなく、ポケモンを題材にした作品や新年のお守りを作るなど、子どもたちが楽しく学べるように工夫しました。習字に挑戦して自分の名前を日本語で書かせたときには、どの学年の児童も真剣に、かつ文字の違いを楽しんでいました。日本の学校との交流授業では、画面に映る、自分たちの教室とは全く違う日本の学校の教室の様子に驚きの声が上がり、子どもたちは学校生活や日常生活などにつ

いて質問し合いながら、交流を楽しんでくれました。

　私の場合、基本的な時間割は決まっていましたが、実際にはその時々に先生たちとコミュニケーションを取って、各授業の詳細を決めました。「これをしなければならない」という業務が明確に決められてはいなかったので、私の希望を伝えるとともに、先生方の要望をお聞きすることで、皆さんが柔軟に対応してくださり、「学校スタッフの一員」として活動することができました。

インターンシップに参加して得たもの：

　当初は「正しい言葉で伝えなくては」というプレッシャーから、言語面での難しさやもどかしさを感じたことがありましたが、徐々に「分からないものは分からない」と良い意味で開き直ることができ、「分からない」「これが辛い」「これをしたい」などという自分の気持ちや考えを相手に伝わるまで口に出していくようにしました。空気を読むことがない分、「どう伝えるか」を意識してコミュニケーションを取り続けることが大切だと気づかされました。また、日本では「当たり前」な事柄が通じない異文化の中での生活・活動で、自分の価値観にとらわれ過ぎず、柔軟性を保つ力が鍛えられました。

　フィンランドの学校にも日本の学校にも、それぞれに良い点と課題点があり、そこに日々向き合う教師という仕事の尊さと、自分は学校が好きだということを再認識する日々でした。それは今も変わりません。（協力：NPO法人 ICYE ジャパン）

ここがポイント！

　日本での教員経験を踏まえた上で、フィンランドの学校でのアシスタントを1年間経験し、その後、現地就職を果たした事例です。同じ教育という分野で両国を経験することが、現在の日本とフィンランドの架け橋としての仕事につながっています。

リファレンス、人脈づくりを意識する

　職務経験をアップデートしたら、次に大切なことは人脈づくり（ネットワーキング）です。社会人になると、学生時代の比ではないくらい、多くの人と出会うことになります。大きな企業には、名前も顔も覚えきれないほど多くの同僚たちがいます。それ以外にも、会社の取引先、プロジェクトの関係者、同業者など、さまざまな人たちと出会います。

　例えば、毎日5人と初めて出会うとして、1カ月あたりの出社日を20日として計算すれば、実に1年間で1,200人と出会います。ただし、単に出会っただけでは、人脈ができたとは言えません。それでは、どのようなことに気をつけて人脈づくりをしていけばよいのかをお話しします。

1. 気になる人には2度会う

　相手が自分にとって重要そうな人なら、次は対話をしてみましょう。言い換えますと、名刺交換をした中で気になる人がいたら1対1で話す機会を作ってみましょうということです。

　具体的には、最初に会ったその日のうちにお礼のメール（相手によってはテキストメッセージでも可）を送ります。その際に、次回のミーティングを提案するのです。ランチミーティングでもオンラインミーティングでも構いません。要は1回目の対面では知り得なかった相手の本質（事業内容や専門性、今後の展開の可能性など）を2回目の対話で読み解くのです。もちろん、その際にはこちらの自己紹介も念入りに行います。そうすることで初めて、人脈ができてくるのです。

　1度会っただけでは忘れてしまうような関係性も、2度会うと

連携の可能性がグッと強まります。ぜひ試してみてください。

2. 異業種の人とも交流する

　仕事をしていると、どうしても同じようなタイプの人と一緒にいることが多くなりがちです。同じ属性の人同士の方が業務を円滑に進めやすいという側面は、確かにあります。

　しかし、世界標準のキャリアを考えた場合、異業種の人とのネットワークが生きてくることがあります。例えば、新規事業の立ち上げに関わったり、部門をまたぐ越境的なプロジェクトに関わったりする際などには、いかに幅広い層の人たちとつながっているかが勝負になります。また、異業種の人たちとの関わりを通して、自分の存在価値が浮き彫りになってくるといったメリットもあるため、違う属性の人との交流を広げることもお勧めです。

3. コミュニティーに所属してみる

　ネットワークを広げるための最も有効な方法の一つが、コミュニティーに所属することです。ソーシャルメディアの発達により、FacebookやLinkedInなどでも、人事系やエンジニア、弁護士や税理士といった士業、政治家、経営者が中心のものなど、さまざまな属性のコミュニティーが展開されています。

　そのコミュニティーの属性も大切なのですが、実はコミュニティーに加入する際に大切なことがあります。紹介されて加入するということです。コミュニティーにはいわゆるリファレンスを大切にする文化があり、それは企業の採用でも同じことが言えます。

　「○○さんの紹介だから安心だ」という考えが根底にあり、それは紹介する側も紹介される側も自分の株を上げることにつな

がります。人を紹介しながらいい循環を保っているコミュニティーには、良質なものが多い気がします。

　しかし、中には、あまり有益とは言えないコミュニティーも存在します。そのようなコミュニティーに共通するのは、以下のような点です。

- ・ルールが統制されていない
- ・保険などの営業を頻繁にかけられる
- ・メッセージなどでのやり取りで、定型メールがまず送られてくる
- ・階層的な構造になっている
- ・リーダーをあからさまに崇拝している
- ・初対面のときから不自然になれなれしい

　このような特徴を持つコミュニティーには注意してください。最後に、コミュニティーの中でより情報量を増やす方法があるのですが、それはこの章の最後（発信のススメ）でお話しします。

4. リファレンスを意識する

　最後にリファレンス（reference）についてです。人事的な意味で使われる場合は、「リファレンスチェック」と言います。リファレンスチェックとは、マネジャークラス以上の人材の中途採用を行う際に、企業側が前職の関係者（上司や同僚）に応募者の経歴や仕事ぶりなどについて照会することです。また、応募者がリファレンスを書類に記載する場合もあります。その場合は、前職の上司や関係者（その中でもなるべく権威のある人）を記載することで、「私には信頼できる筋からのお墨付きがあります」と

いうことをアピールすることができます。ふだんから良いお墨付き、つまりリファレンスを獲得しておくこともキャリアアップしていく上でとても重要なポイントなので、覚えておいてください。

専門性を高めるために

この本では、一貫して専門性を高めましょうという話をしてきました。自分の専門性が高まることで、希少価値が高まり、キャリアアップしていく際に有利に働くからです。いわばその道のプロとして世界的に認知されれば、転職のオファーが定期的に来るようになり、転職の際に年収も上がりやすくなります。

では、就職してから自分の専門性を高めるための方法を見ていきましょう。

1. 組織の中で専門性を高める

これは、企業や団体の組織の内部で専門性を高めるという方法です。外資系企業などのジョブ型雇用で採用されて、既に自分の専門領域に配属されている人であれば、プロジェクトでの経験を通して知識を深めていくことができます。それは、いわばリアルなケーススタディとなりますので、日々の業務の中で成長することができます。

日系企業などの新卒一括採用で雇用された方は、必ずしも自分の専門とポジションが合致していない可能性もあります。ただ、このタイプの企業のメリットは、社員教育が充実していることです。社員教育にもいくつか種類があり、代表的なものは次の通りです。

・新入社員研修
・若手社員研修
・中堅社員研修
・管理職研修

　社員教育の方法としては、①OJT（on the job training）という実務を通して知識やスキルを学ぶ方法、②Off-JTという企業外でのセミナーに参加して学ぶ方法、③eラーニングというオンライン動画などを視聴しながら学ぶ方法、④自己啓発として自分で書籍やオンライン学習サービスなどを活用して学習する方法など、多岐にわたります。Off-JTや自己啓発においては受講費用を補助する企業も50パーセント（令和3年度「能力開発基本調査」厚生労働省）ほどあるようですので、それらを意識的に活用してインプットを深めていきましょう。

2. 大学院で学ぶ

　本題に進む前に、まず学位に関する基本事項を押さえておきましょう。大学・大学院で取得できる学位には主に次の3つがあります。

・学士号（bachelor's degree）：大学を卒業した人が得られる称号
・修士号（master's degree）：大学院を卒業した人が得られる称号。特に経営学修士号はMBA（Master of Business Administration）と呼ばれる
・博士号（Ph.D.またはdoctor's degree）：大学院の博士後期課程に3年間以上在籍し博士論文を提出して審査に合格した人が得られる「課程博士」と、大学院に在籍せずとも博士論文が合格した人が得られる「論文博士」がある

　海外では社会人になってから大学院で学び直すことが当たり前になっており、日本に比べて修士号取得者の数が多くなっています。また、これは特にアメリカで顕著なのですが、経営管理職向けの修士号であるMBA取得者の割合が非常に高いのです。例えば、アメリカの人事部長の大学院修了者の割合は61.6パーセント（日本労働研究機構「大卒ホワイトカラーの雇用管理に関する国際調査（平成9年）」）です。世界標準では自分の専門性をより高めるための方法として、大学院での学び直しが当たり前なのです。

　その一方で、日本の企業役員の中で大学院卒が占める割合は5.9パーセント（総務省「就業構造状況調査（平成19年度）」）です。

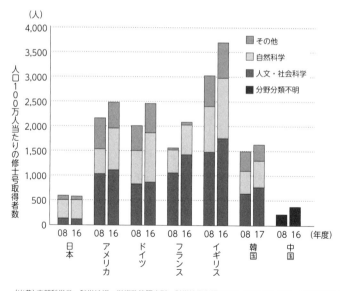

人口100万人当たりの修士号取得者数の国際比較

（出典）文部科学省　科学技術・学術政策研究所、科学技術指標2019、調査資料-283、2019年8月

　近年は日本国内の大学院も充実してきており、働きながら学位が取得できるコースもあります。

　海外では、アメリカやイギリスの大学院が有名ですが、近年は中国やシンガポール、マレーシアなどのアジア諸国の大学院への進学も注目されています。また、海外の大学院が日本国内で受講できるオンラインコースを開講していることもあり、自分の仕事環境に応じて学びを深めていくことが可能になってきています。

3. リカレントとリスキリング

　社会人の学び直しにはリカレントとリスキリングがあり、国内外の企業でも導入が進んでいます。リカレントとリスキリングとは何か、それぞれについて解説していきましょう。

リカレント教育

　リカレント（recurrent）とは、社会人が必要なタイミングで学び直しをすることです。日本政府も「人生100年時代構想会議」＊の中で、「リカレント教育の受講が職業能力の向上を通じ、キャリアアップ・キャリアチェンジにつながる社会をつくっていかなければならない」と学び直しの重要性を説いています。

　学び直す場としては主に大学・専門学校・民間教育訓練機関などがあり、政府は日本国内の教育機関を前提にしています。ただ、私は個人的に、世界標準のキャリアを構築しようとする方には前述の通り海外の大学院などの教育機関をお勧めします。

　＊「人づくり革命　基本構想」平成30年6月13日　首相官邸ホームページ

リスキリング

　リスキリング（reskilling）とは、リクルートワークス研究所に

よると「新しい職業に就くために、あるいは、今の職業で必要とされるスキルの大幅な変化に適応するために、必要なスキルを獲得する／させること」（2021年2月「リスキリングとは―DX時代の人材戦略と世界の潮流―」）とされています。リカレント教育が休職や退職などで仕事をいったん離れることを前提にしているのに対して、リスキリングの方はデジタルトランスフォーメーション（DX）化などに企業や本人が対応するために新たなスキルを獲得させる（する）ことを目的とした学び直しです。アメリカでは、アマゾン、マイクロソフト、ウォルマートなどの大手企業も導入していて、今後さらに注目されるところです。

　社会人になったら、学びは終わりというのは間違いです。ここからは常に自分をアップデートして、専門性をより高めるために学び直しを深めていきましょう。

4. 発信のススメ

　専門性を高めるための最後の方策としてお勧めするのが、自分から情報を発信することです。発信することがなぜ専門性を高めることにつながるのかを説明しましょう。ここでの「発信する」とは、次のような事柄を指しています。

・ソーシャルメディアで発信：TwitterやFacebook、ブログ、YouTubeなど
・メディアで発信：テレビや新聞、雑誌、ニュースサイトなど
・講演やセミナーで発信：講演やセミナー、イベントに専門家として登壇

　発信する媒体はさまざまですが、重要なことは「専門家として発言する」ということです。ふだんの仕事の中で専門家として発言することは多々あると思います。それによって、社内で

の信頼を勝ち取ったり、上司からの評価が高まったりする効果もあると思います。ただし、それだけではどうしてもリターンに限界が生じます。

　一方、専門家として媒体で発信すると、あなた自身の認知度が高まり、そのことによって得られる情報の質と量が格段に上がるのです。言い換えますと、より高次元の専門家や組織があなたにコンタクトしてくるようになるのです。そして、そこで得られるネットワークから、通常では手の届かない情報を得ることができます。発信することで、その波及効果として自分の専門性をさらに高めることができるのです。

　以上、世界標準のキャリアを築くために知っておいていただきたい3つのポイントについて解説してきました。

　・WORK EXPERIENCEをアップデートする

　・リファレンス、人脈づくりを意識する

　・専門性を高める

　地球規模の時代変化に対応するためには、常に自分自身を世界中のどこででも働くことのできる状態にしておくことが大切です。そのためには、グローバル就職後にもこれら3つのポイントを押さえて、世界標準のキャリアを構築していかれることを願っています。

終わりに

「短期海外インターンシップに参加したけれど、留学経験者
が多くいる中でどのように就職に結びつけていいのか分か
らない」

「アメリカのインターンシップに参加したけれど、誰からも
仕事の指示がもらえずに困った」

「日本のインターンシップと海外インターンシップの違いが
分からない」

「海外就職をしたいので、とりあえずワーキングホリデーに
行ってみようと思う」

　ふだん大学関係者や大学生と接している中で、海外インター
ンシップをどのように捉えたらいいのか困惑している、またグ
ローバルな就職活動の仕方について知る機会がないという声を
多く聞くようになりました。大学からの、海外インターンシッ
プ参加者対象の事前講義への依頼や海外インターンシップのプ
ログラム構築への依頼が増加していく中で、グローバル就活の
流れを体系化しようと考えたのが、本書を執筆したきっかけで
す。不確実な時代にあっても、世界標準の就活の方法や働き方
を知っていれば、従来から要望されているグローバル人材育成
の具体策として、日本の学生に世界で活躍できるチャンスを提
案することができると考えたのです。
　そうした中で2020年に入り、新型コロナウィルス感染症の感
染拡大で世界はさらに混沌とした状態になりました。世界中の
どこででも働くことのできる力が、今すぐ求められるようにな
ったのです。第3章でリモートワークスキルの話をしましたが、

まさにグローバル就活で身に付く力が日本でも必要とされてきていることを実感しています。

　終身雇用がなくなった現在、すでに1つの会社の中で出世をかけて競争する時代は終わりました。これからは最初から世界を見据えて、自身の専門性を高めていく活動が必要です。その上で本書が学生や社会人、さらには大学などの教育機関に少しでも役に立ってくれればうれしく思います。

　今回、この企画を進めていくにあたり多くの方にお力添えをいただきました。IBCパブリッシングの賀川京子さん、担当編集者の岡本茂紀さん。海外インターンシップの体験談でご協力いただいたSKYUSの小山玲さん、ICYEの又吉莉奈さん、ICCコンサルタンツの万出恵さん、旅武者の横出寛さん、タイガーモブの古田佳苗さん、トビタテ！留学JAPANの西川朋子さん。国内インターンシップの体験談でご協力いただいた高橋紀如さん、岡村聖太郎さん、石松裕平さん、岩元裕隆さん。企画段階でアドバイスをいただいた星野達彦さん、樫村周磨さん、グローバル人事塾の友人の皆さん。その他、多くの方のお力添えの下で本書を完成させることができました。この場をお借りして心からお礼申し上げます。

　最後までお読みいただき、誠にありがとうございました。

大川　彰一

English **C**onversational **A**bility **T**est
国際英語会話能力検定

● E-CATとは…
英語が話せるようになるための
テストです。インターネット
ベースで、30分であなたの発
話力をチェックします。

www.ecatexam.com

● iTEP®とは…
世界各国の企業、政府機関、アメリカの大学
300校以上が、英語能力判定テストとして採用。
オンラインによる90分のテストで文法、リー
ディング、リスニング、ライティング、スピーキ
ングの5技能をスコア化。iTEP®は、留学、就職、
海外赴任などに必要な、世界に通用する英語力
を総合的に評価する画期的なテストです。

www.itepexamjapan.com

働く選択肢を世界に広げるための
グローバル就活・転職術

2023年6月2日　第1刷発行

著　者　　大川彰一

発行者　　浦　　晋亮

発行所　　**IBCパブリッシング株式会社**
　　　　　〒162-0804 東京都新宿区中里町29番3号 菱秀神楽坂ビル
　　　　　Tel. 03-3513-4511　Fax. 03-3513-4512
　　　　　www.ibcpub.co.jp

印刷所　　**株式会社シナノパブリッシングプレス**

ISBN978-4-7946-0762-1